轻松成交

解码销售DNA

杨 骁◎著

电子工业出版社.
Publishing House of Electronics Industry
北京·BEIJING

内 容 简 介

这是一本聚焦如何实现轻松成交的书，共分为四大篇，是作者作为销售人员、销售管理人员和内训师在不断学习、教学和实践中提炼出来的关于如何成交的精华。本书分别从理解人性、驾驭语言、深化关系和拥抱热情四个方面详细讲解了何为"销售DNA"，如何用销售DNA打造销售思维，以便帮助销售人员洞察人性，挖掘客户真正的需求，激发客户的购买欲望，最终实现轻松成交。本书既有理论分析，也有实操方法，适用于销售管理人员、一线销售人员、内训师。

图书在版编目（CIP）数据

轻松成交：解码销售DNA / 杨骁著. —北京：电子工业出版社，2022.6
ISBN 978-7-121-43333-7

Ⅰ．①轻… Ⅱ．①杨… Ⅲ．①销售管理 Ⅳ.①F713.3

中国版本图书馆CIP数据核字（2022）第069996号

责任编辑：王小聪
印　　刷：三河市鑫金马印装有限公司
装　　订：三河市鑫金马印装有限公司
出版发行：电子工业出版社
　　　　　北京市海淀区万寿路 173 信箱　　邮编：100036
开　　本：720×1000　1/16　印张：13.75　字数：225 千字
版　　次：2022 年 6 月第 1 版
印　　次：2022 年 6 月第 1 次印刷
定　　价：65.00 元

凡所购买电子工业出版社图书有缺损问题，请向购买书店调换。若书店售缺，请与本社发行部联系，联系及邮购电话：（010）88254888，88258888。
质量投诉请发邮件至zlts@phei.com.cn，盗版侵权举报请发邮件至dbqq@phei.com.cn。
本书咨询联系方式：（010）57565890，meidipub@phei.com.cn。

前　言

这本书的写作时间真的是非常长了。从 2012 年开始构思，到 2013 年写了第一稿，可是写的内容我自己都看不上，就索性放到了一边。到了 2014 年，我重写了第二稿。结果，在 2015 年想做个精简版的时候却忘记保存文件了，导致第二稿的原始文件只剩下 3 万多字。2016 年，我本想放弃出这本书，但因学员、朋友和同事的支持与鼓励，终于在 2017 年我又开始写第三稿，最终在 2018 年年底完成了本书的写作工作。接下来，因为忙于一些其他的事情，就让书稿"躺"了一年多时间。终于在 2020 年新冠肺炎疫情期间，我花了点儿时间和出版社联系，这样才将出版这件事提到了日程上。不过在即将交稿的时候，我发现有些篇章写得还是不够好，于是在 2020 年下半年到 2021 年年初，我又整理了一遍，总计 40 多万字。交稿后，出版社的反馈是：文字太多，需要精简。所以，索性又"翻新"了一版，甚至有一半的内容是重写的。至此，你看到的已经是第五稿了。

在写书的过程中，我的体会是：开发课件比集中培训容易，集中培训比进店辅导容易，进店辅导比写公众号容易，写公众号比写书容易。因为你面对的群体越大，利益牵扯范围越大，越不敢造次，越不敢随意乱讲。如果我介绍的某个方法不对，导致你做错了，那就会带给你真金白银的损失，我亏欠不得。所以，本书的很多内容都是经过我再三思考，多方、多次确认后才敢写出来的。就这样，书中仍有不少我自己不太确定的内容。

也是因为这样审慎的态度，在不断规划和优化内容的过程中，我意识到一个严重的问题：如果照这样写下去，一定无法完成这本书。因为，我每天都会有新的想法、新的思路、新的感悟。所以，我真心希望你也能在看这本书的过程中，认真思考，用心体会，用实践去检验，并能够反馈给我，以便我可以去芜存菁，保留真正有价值的"DNA"。

　　最终，我从 40 多万字的书稿中，又剔除了将近一半的内容，希望用最精练的语言将最复杂的概念简单说明。请原谅我在文中使用了很多口语，并且翻来覆去地详细讲解某些概念。虽然有点啰唆，但我想只有这样才能通俗易懂。为了提炼这些精华，光是大纲我就改了 30 多遍。

　　所幸的是，我没有放弃这本书，你也因此可以看到本书中介绍的关于销售的最基础的方法和技巧。我称它们是最基础的要素。当我想给这本书起一个名字的时候，我就想到了 "DNA" 这个词。因为 DNA 是生物遗传的基础，所以我将这些可以帮助销售人员轻松成交的要素称为 "销售 DNA"。因为这些要素构成了成交过程中最重要的原则、策略、方法、技巧与实践体系。了解了销售 DNA，就如同找到了成功的钥匙。相信我，这些 DNA 足够让你轻松成交，因为它们都是经过实践检验的 "真理"。

销售 DNA 中有什么

　　销售 DNA 中包括了理解人性、驾驭语言、深化关系和拥抱热情，如图 0-1 所示。这四个要素可以帮助你了解人类的本质需求，帮助你成为你想要成为的人。

图 0-1　解码销售 DNA

　　在 "人性" 篇中，你可以了解人类决策和行为中最根本的驱动力及成因，以便掌握促使客户购买的方法。"人性" 篇，是 "销售 DNA" 的心法篇，能够让你了解客户的思考、决策和行为模式与人性本身的紧密关系。

在"语言"篇中,你会了解如何通过正确地分析正确的信息制定成交策略。同时,你也会看到"错误地分析错误的信息"带给你的成交阻碍。你还可以掌握沟通的技巧——只关注一类词,就可以轻而易举地提出区别于竞争对手的问题,从而引发客户思考,赢得客户关注。

在"关系"篇中,你可以了解深化客户关系的七个层级,加深你与客户之间的关系。同时,我会带给你七套有效的方法,可以帮助你迅速拉近与客户之间的关系。我要让你看到,作为销售人员,你最重要的资产就是客户。

"语言"篇与"关系"篇是"销售 DNA"的技能篇,需要你认真学习,并且需要你大量、持续、刻意地练习。"语言"篇介绍了实现短期销售目标的核心方法,"关系"篇则介绍了实现长期销售目标的核心方法。掌握这两种方法后,你一定能够实现轻松成交。

在"热情"篇中,你可以认清现实和理想的距离,规划未来之路,明确自己内心的想法,规划人生理想与目标。我会给你提供两套十分有效的自我认知的工具,帮助评估自己是否适合销售职业或当前所从事的行业;也可以用它来规划自己未来的职业方向与目标。"热情"篇是"销售 DNA"的原动力,是我的经验分享,更是我写这本书的初衷——帮助所有人成为自己想成为的人。因为我知道,如果没有热情,或许你可以坚持 1 天、1 个月、1 年,却无法坚持到自己成功的那一天。你需要找到那份热情,并为此赌上你的一切!

相信我,以上每一部分内容,都有助于你在成交的道路上越走越顺,越走越远,路越走越宽敞。最关键的是,你要能够真正不遗余力地将这些要素融入你的生命,成为你生命中的 DNA。

不过,你可能会想:大数据时代、移动互联网时代,这些原则、方法与技巧和我有什么关系?

大数据,确实可以带来很多分析问题的维度,并且能够根据客户的行为分析客户的偏好。但是,你平时也接触过很多平台的广告,对吧?你会点开看吗?这些广告的本质,是不是也在洞察客户的人性呢?

客户的消费心理,不是完全通过分析数据就能得出来的,消费心理需要销售人员去辨识。销售人员只有真正挖掘到客户的需求,建立自己的品牌,才能给自己的品牌找到出路。

而这些，只有真正了解客户需求的销售人员才能掌握和领悟。缺少了销售人员的经验，数据就没有了温度。冰冷的数据，只能带来冰冷的营销。冰冷的营销肯定带不来充满热情的成交。所以，即便你只想在互联网营销领域有所发展，开发线上的流量和粉丝，你也需要在提升自身的销售能力方面下功夫。当你对客户的消费心理和销售的沟通技巧有深刻的理解时，你自然就可以获得更多的流量和粉丝。

另外，作为销售人员，即便你可以通过互联网获取很多流量和粉丝，你仍需要把你的客户一个个区分出来。因为你的销售成交是一单单做起来的。你可以进行数据分析，但是你仍然需要利用自己的销售能力维系你的客户。所以，从本质上来说，销售能力是你一定要具备的。了解了销售方法后，你就可以从客户的角度去思考、解决客户的问题，进而实现轻松成交。

如何使用本书

这本书的内容是我在不断学习、教学和实践中总结出来的，里面有很多不同学科知识带给我的思考。

我曾经学习过截拳道 ①。看到过被截拳道练习者视为圭臬的一句话："在我学武之前，一拳对我只是一拳，一脚对我亦只是一脚；在我学武之后，一拳不再是一拳，一脚也不再是一脚；至今深悟后，一拳不过是一拳，一脚也不过是一脚罢了。"

当时，我并不能完全理解这句话。我是一个爱琢磨的人，我认为这句话有毛病，因此它一直在我脑海里挥之不去。后来，我知道了这句话来源于其他哲学，比如"看山是山，看山不是山，看山还是山"。在对销售领域的认知不断深入之后，我可以用这句话来描述销售人员的技能不断提升的过程和境界。

当你刚开始学习某项技能的时候，总是要先从基础练起。比如，你学习功夫，一开始要从一拳一脚的基本功开始练习。这个时候，你面前的敌人就只是不会动的沙袋。这时，你只是向空气中假想的"敌人"出拳，无论你怎么打

---

① 截拳道，是武术宗师李小龙生前创立的一类现代武术体系，由于李小龙过早逝去，很多人并不了解截拳道。截拳道融合了世界各国拳术，是以咏春拳、拳击、击剑作为体系，以中国道家思想为主创立的实战格斗体系构想，也是一种全新的思想体系。

它，它都不会逃跑。

　　之后，你开始练习实战。对方是一个人，你该怎么办呢？以前，一拳打过去，一定可以命中。现在，一拳打过去，对方跑了，没准还还手打你一拳。于是，你就开始思考如何控制对战过程，控制对方。比如，你会先采用假动作吸引对方的注意力，再用奇招攻击对方。

　　你用一个左刺拳试探对方，对方因为你的左刺拳躲向了你的右侧（他的左侧），想要攻击你的内线。结果，你的右手重拳却在这里等着他。这样一拳打过去，对方就被打倒了。看来，一拳也不再是一拳了：你的左刺拳隐藏着右手的重拳。当然，一拳之后也可能是一脚。总之，一拳打出去，就不再仅仅是一拳了。

　　这时，你已经算是一名高手了，但还不是顶级高手。为什么呢？因为你还没有学会上乘的功夫：根据对方的变化而变化，根据对方的变化来打击对方，俗称"借力打力"。

　　为什么呢？因为你只是学会了使用套路，学会了使用很多组合性的攻击技巧，如果对方的套路和技巧比你的还多，如果你的所有套路和技巧都没有办法迷惑对方，如果对方不仅仅会躲避，还会与你对打，这个时候你该怎么办呢？难道要杀敌一千，自损八百？

　　这时，你不要再使用套路了，要么用尽全力一击必中，要么根据对方的攻击随机应变攻击对方。也就是说，用尽全力攻击对方，不考虑迷惑对方的套路、技巧和方法，只去攻击你要攻击的那个目标。如果对方躲避或做出其他反应，你就根据对方的变化瞬间改变攻击点、攻击方向和攻击方式。总之，你的目标仍是要击中对方的要害，但是你会根据对方的反应，灵活做出相应的变化，而不局限于原定计划。

　　也就是说，当你学习一种技能的时候，一定会经历这三个步骤：学习基础动作、场景化练习、内化为心法。

　　如果将此方法应用到销售领域，则需要分三步走。

　　第一步，掌握最基本的产品知识和销售话术。这是你作为销售人员最基本的功夫，如果不能掌握这些，你很难赢得客户的信任，更别提成交。

　　第二步，将产品知识和销售话术不断提炼，形成自己的引导客户购买的方法。越是熟练掌握这些方法，你就越容易提高成交率。这时，你就可以引导客户的思维或者跟踪客户的购买进程。因为你越专业，客户就越容易相信你。

第三步，忘记套路，也就是忘记你原来设计的销售话术，根据客户的需求即时制定成交策略。套路在短时间内可以帮助你提高成交率，但会限制你成交能力的提升。只有根据客户的需求制定相应的成交策略，才是最有效的成交方法。

依据销售要领，要想促使成交，需要找到客户的需求（暴露出的空档），制定成交策略（可以击中对方的要害），并用销售技巧（拳打还是脚踢）促使客户购买（击倒对方）。

当然，我并不是让你将客户看作对手，我只是希望通过这个比喻让你了解销售的哲学观点，希望你能做到"手中无剑，心中有剑"。

当你能够不再依靠套路、话术、经验、方法这些固定的模式实现成交时，基本上你已经具备了"销售 DNA"的这些要素。比如，通过了解人性的驱动力，挖掘客户的需求点，并做出反应，深化与客户的关系，打造自己独一无二的品牌，并且保持对人生、对销售工作的无比热情。

当然，在这个过程中，你将会经历一个非常难受的过程：头昏脑涨、恶心想吐。放心，你并不是走火入魔了，这只是生理上的不适感。你需要做的是：每天遇到这样的状况时，再坚持一下下。每次坚持一下下，你就会成长。当你这些"症状"表现得越来越不频繁时，就意味着你的大脑已经建立了稳定的神经连接，也就意味着，你已经掌握了这本书的精髓，并在言行中体现本书的内容了。

那么，该如何使用这本书呢？

如果你是销售管理人员，可以将书发给员工，先组织大家共同研讨学习其中一部分内容。你再根据学习效果，安排新的学习内容。因为本书每一节的内容都有其针对性，并且是循序渐进的，所以，我建议你从第一篇就开始安排销售人员去实践。

如果你是培训师，可以将本书的内容直接用于培训课堂，你会马上看到培训的效果有显著提升。

如果你是销售人员，可以将本书的核心内容抄在卡片上，一旦在某个场景产生困惑，随时翻阅并找到对应的内容，马上实践。

如果你有想要学习的内容，那就按照目录找到你想要阅读的章节，看看里面的内容。相信你一定能够快速掌握这些方法或技巧。

相信我，如果你按照这些方法去操练，一定能够实现学习本书的目的。注意，我一直在强调是学习本书，而不是看或者读。学习，是一个通过阅读、练习，将学习内容内化成自己的方法的过程。所以，请你一定要认真学习。

当然，如果你还有其他问题，可以关注"杨骁"公众号，搜索你想了解的关键词，让杨骁给你答案。

目　录

第一篇

人性

在"人性"篇，我会提纲挈领地描述需求与人性的关系，即需求的本质是人性。其中，我会从不同角度阐述人性，揭秘人性的表现形式、起源与变化。最重要的是，我会提供一套方法，便于你能够掌握客户需求的本质。

在这一篇中，我会分两章介绍人性的不同表现及其本质与应用。第1章，我会介绍人性的不同表现，以及它们对人们思考、决策、行为的影响，从而让你初步了解什么是人性。第2章，我会介绍人性的本质与应用，从而帮助你正确地理解人性的起源、形成与发展，便于你制定成交策略。

人性的不同表现

人性有狭义和广义两方面的定义：狭义上是指人的本质心理属性，也就是人之所以为人的那一部分属性，是人与其他动物相区别的属性；广义上是指人普遍所具有的心理属性，其中包括人与其他动物所共有的那部分心理属性。

在本章中，我会介绍人性的不同表现及其本质与成因。

1.1 先天后天，人性角力

人类天生就有欲望，这是先天的本能。人类在后天的社会生活中又会产生不同的需求。这些欲望和需求，影响着人类的情感、思想、决策和行为。接下来，我们就看看人类有哪些原始欲望和后天需求。

1.1.1 八大先天原欲

人类从一出生就有了一些必须满足的需求。这些需求，被消费心理学专家挖掘并确认为人类共有的八种基本欲望，我称之为"八大先天原欲"。它们分别是：

（1）生存、享受生活、延长寿命。

（2）享受饮食。

（3）免于恐惧、痛苦和危险。

（4）追求舒适的生活条件。

（5）寻求性伴侣。

（6）照顾和保护自己所爱的人。

（7）与人攀比。

（8）获得社会认同。

为了延续种族，生物一般有两种最基本的方法：一是延长个体的存活时间，二是提高种族的繁衍能力。所以，延长寿命和寻求性伴侣是每个生物都有的欲望。

为了能够延长个体的存活时间，人类需要最基本的饮食。人类的祖先一直对抗着自然界恶劣的环境，躲避自然界的危险，包括野兽的侵袭、天灾的降临等。这就给人类的身体植入了强大的逃避痛苦和危险的基因。躲避灾害的同时，人类发现舒适的生活环境比恶劣的生活环境更容易使其存活（这是

必然的)，于是就开始探索创造舒适生活环境之道。所以，享受饮食，免于恐惧、痛苦和危险，追求舒适的生活条件，这些都是能够延长人类寿命的原始欲望，也都是最原始的人性。

为了提高种族的繁衍能力，人类就需要寻找更多的性伴侣。在人类祖先的生活环境中，越是能够保护族群不被伤害，并且能够提供稳定的饮食，有能力帮助族群延长个体寿命的人，就越能够获得更多的性伴侣，从而繁衍后代。在原始社会，人类能够生存下来的最关键因素是强大的身体素质。而展现强大身体素质的方式很简单，就是武力。通过武力打败所有的对手，证明自己的能力高人一等，就会得到族群的认同，就会获得更多的性伴侣。

所以，人类的八大先天原欲都是基于人类的生存需求的，或者说，是最基本的生理需求。当八大先天原欲受到外界刺激时，就会产生强大的驱动力，推动人们思考、决策和行动。甚至有时，不用思考、决策，直接采取行动。

那么，什么是欲望呢？或者说，欲望的表现是什么呢？欲望是人类在某种需求无法得到满足时的驱动力。也就是说，欲望是因为某件事激发了需求而后产生的。所以，欲望是需要被激发的。欲望一旦被激发，就会产生源源不断的驱动力，直至被满足。所以，它们之间的关系模式是这样的：受到刺激—产生需求—激发欲望（驱动力）—采取行动—获得结果。

当某件事刺激了你的八大先天原欲，激发了你的欲望，也就是驱动力，驱动力就会推动你尽快采取行动去满足这个欲望。注意，这个关系模式对于后面所描述的所有人性的表现都适用。

这个刺激，可能来源于外部，也可能来源于内部。外部可能来源于外部环境或外力因素，比如广告、名人推荐、直播带货等，让你意识到自己有某方面的需求；内部可能来源于你身体的反应，比如饥饿、口渴、疲劳，让你意识到自己需要吃饭、饮水、休息。

1.1.2　九种后天需求

随着社会的发展，人类不断有新的需求被激发出来。其中，有九种需求已经被确认。与八大先天原欲相比，这九种需求对人类的影响相对较小，但同样重要。因为这些需求是通过后天逐步产生的，所以我称之为"次级需求"或"后天需求"：

（1）获取信息。

（2）满足好奇心。

（3）保持身体和周围环境干净整洁。

（4）追求效率。

（5）追求便捷。

（6）追求可靠性（质量）。

（7）追求美。

（8）追求经济利润。

（9）追求物美价廉的产品。

我一直认为，生存是人类学习和发展最重要的驱动力，其次就是好奇心。对世界充满好奇，会激发人们的学习和思考。同时，也会激发人们获取更多的信息。这两点互为支撑，既加深了人类对世界的理解，也提升了人类对世界的控制能力。

为了好好生存，人们对疾病的认知越来越清晰：洁净的环境会带来健康的身体。同时，随着社会文明的发展，人类个体开始追求社交礼仪，展示自己的独特性。

随着社会经济的发展，人类对工具的使用更加成熟，因此催生了对生产力的要求。其中，效率成为工业时代人们关注的重点。为了保证生产效率和生活质量，劳动工具的质量和可靠性就变得更加重要，因此产品质量也越来越高。有了产品之后，如何奉到人们面前，就成了商家与客户之间共同的需求。于是，商业社会的人货场应运而生。几经变化，从最早的货场人，到如今的人货场，人们对便捷快速的需求愈加强烈。

当物质文明达到一定的程度，人类就有了更高的精神文明。人们对于事物的认知，已经从表象发展到了实质。于是，追求美的需求应运而生。

最后，由于经济的发展，人类自然而然地处在一个永恒的商业社会中。对美有了评价，对质量有了要求，人们希望用更少的付出获得更大的回报，这种需求开始伴随商业社会的发展而愈演愈烈，因此产生了对物美价廉产品的追求，以及对利润、收益的追求。

八大先天原欲是人类的基本需求，而九种后天需求则是人类社会发展的产物。所以，原欲的影响力要远远大于后天需求的影响力。作为销售人员，你可以这样理解它们的优先级：八大先天原欲决定了客户买不买，九种后天需求决定了客户买什么、怎么买、买谁的。所以，你需要全盘思考，以便影响客户的选择。这样，才能轻松赢得订单。

1.2　七情六欲，非你所想

为了让你更加了解人性，我通过另一个角度来讲解人性，这就是七情六欲，它们分别代表了人在需求是否被满足的情况下的不同心理表现。

1.2.1　七情

这里所说的"七情"来源于中医，是指喜、怒、忧、思、悲、恐、惊这七种情志活动。中医认为，这七种情志活动是人的精神意识对外界事物的反应。

我发现，这七种情志本质上是人们情绪的根本表现。人们时时刻刻都有情绪。大多数情况下是同时拥有多种情绪，而这时会有一个主导情绪和其他辅助情绪。我认为，在所有的情绪中，这七种情志是最基本的。因此，我套用元认知的概念称它们为"七种元情绪"，而且每一种元情绪都有其根源。如果你能把握住这些根源，就能够更深刻地了解人性。这七种元情绪产生的原因分别是：

（1）喜（开心）——需求得到了满足。

（2）怒（生气）——感觉到了不公平。

（3）忧（担心）——对结果还不确定。

（4）思（焦虑）——不知道该怎么办。

（5）悲（伤心）——需求未能被满足。

（6）恐（害怕）——对事物失去控制。

（7）惊（惊讶）——超出自己的认知。

从这些情绪中，我发现了一些新的驱动力。伴随着这些情绪的变化，人们的行为也会随之发生变化。这七种情绪产生的行为一般是这样的：

（1）喜（开心）——多数情况下会手舞足蹈、喜上眉梢，但经常会说出不该说的话或做出从未有过的动作。

（2）怒（生气）——心跳加快，脸色潮红，声音高亢，语气强硬，伴随身体抖动，动作幅度过大，不顾礼仪。

（3）忧（担心）——对结果不确定的压力有时会使人喘不上气来，总是考虑结果，而不是关注事情本身。

（4）思（焦虑）——说话吞吞吐吐、犹豫不决，行为经常停滞不前，行动没有进展，等待别人帮忙做决定。

（5）悲（伤心）——对事物失去兴趣，感到人生没有乐趣，对外界的回应不积极，产生厌倦感，特别疲惫。

（6）恐（害怕）——经常妥协，无法保持底线，说话言不由衷，没有主见，极度害怕时会失去行动能力。

（7）惊（惊讶）——会出现失态的情况，比如张大嘴巴、瞪大眼睛、说话语无伦次。

根据以上的行为，你基本上可以判断自己或对方的情绪处于什么状态，以及还有哪些情绪夹杂在一起，从而制定具体的成交策略。

对于开心的人，你推荐的产品，他们大都乐于接受，当然是否购买要看客户的需求和购买能力。当人们开心的时候，是最容易接受别人的建议的时候。所以，你推荐的产品，他们大都有兴趣了解，也有兴趣尝试，进而有兴趣消费。

对于愤怒的人，你推荐的产品，他们大都会因情绪激动而无法接受。因为当他们愤怒的时候，不公平的评判始终在心头。所以，他们对外界的评价一直处于是否公平这一标准中，从而忽略了外部信息是否对其真正有价值。而在愤怒的情况下，他们很难客观地评价一个事物。所以，愤怒的客户，一般很难接受你推荐的产品。

对于担忧的人，他们会因为一丁点儿的风险而拒绝消费。对未来结果的不确定，导致这类人会过分关注风险。保持原地踏步，是这类人处事的最佳方法。而且，他们还擅长在大脑中自创风险，从而更难做出消费决策。

对于焦虑的人，他们的决策周期会因信息量的增加而延长。你提供的产品种类越多，选择越多，这类人决策起来就越困难。因为，他们本身就处于难以决策的状态。选择困难是焦虑的人的典型特征。可以说，你提供的产品和选项越多，越难搞定这类人。

对于伤心的人，他们会陷在当下的情绪中而无法自拔，很难关注你的产品对他们来说是否有价值。所以，无论你给他们推荐何种产品，都会让他们想起过去不好的经历，进而再次伤心，以致无法做出消费决策。

对于恐惧的人，他们经常会因为对事物失去控制而歇斯底里。这类人对很多事情都会吹毛求疵。你很难知道他们到底想要什么，因为他们觉得什么都不可控，因而什么都想要。所以，你很难理解这类人，也很难满足他们，因为他们实际上根本不知道自己想要什么。

对于惊讶的人，一旦事情超出预期，他们就会失去判断能力，从而影响后续的决策。如果惊讶是正面的，比如惊喜，就会激发客户的消费欲望；如果惊讶是负面的，比如震怒，就会引发客户的投诉甚至过激的维权行为。

从这七种元情绪中，你可以发现每一种情绪都隐藏着一种特定的需求对他们产生的影响。这种需求并不是满足某一种物质需求，而是满足一种更高层次的需求，即心理需求。要想满足这些心理需求，你还要更深层次地了解其物质需求。但是，也正是因为客户有了心理需求，你就更容易从"上帝视角"看到客户潜在的物质需求，也就更容易满足这些需求。

1.2.2　六欲

"七情"指的是七种元情绪，"六欲"是什么呢？它最早出现在《吕氏春秋·贵生》中："所谓全生者，六欲皆得其宜者。""六欲"泛指人的生理需求或欲望。人要生存，要活得有滋有味、有声有色，于是嘴要吃，舌要尝，眼要观，耳要听，鼻要闻。这些欲望与生俱来，不用人教就会。后人将"六欲"概括为：见欲（视觉）、听欲（听觉）、香欲（嗅觉）、味欲（味觉）、触欲（触觉）、意欲（想法）。

这六种欲望，就是人们追求舒适生活的六种基础。视、听、嗅、味、触是人们日常接收外部信息最直接的五种方式。这五种方式所获得的信息进入大脑（心中）后，会形成意欲（想法），使人们对外界形成自己的观点，并产生欲望。

如果你的客户喜欢你的产品，那是因为你的产品"悦"了客户的目，让客户感到开心。因此，客户就有可能购买。所以如果你了解客户的欲望，并通过视、听、嗅、味、触这五种方式激发了客户的欲望，你就能够让客户愉悦，制造消费机会。具体细节，我会在后续的内容中进一步交代，希望能够给你更多的启示。

1.3 需求层次，现实拷问

前面已经阐释了很多人性的表现形式，包括八大先天原欲、九种后天需求、七情、六欲。接下来，我们再提升一个层次，将前面很多分散的信息放到一个更加清晰的框架中。这个框架就是马斯洛需求层次理论。

马斯洛需求层次理论，如图 1-1 所示，自下而上分别是：

（1）生理的需求（physiological need）——对食物、水、空气、性欲、健康等的需求。

（2）安全的需求（safety need）——人们需要稳定、安全、受到保护、有秩序、免除恐惧和焦虑等。

（3）归属和爱的需求（belongingness and love need）——要求与其他人建立情感或联系。例如，结交朋友、追求爱情。

（4）尊重的需求（esteem need）——希望受到别人的尊重。尊重的需求使人相信自己的力量和价值，使人更有创造力。缺乏自尊，则会使人自卑，没有足够的信心去处理问题。

（5）自我实现的需求（self-actualization need）——人们想要充分发挥自己的能力和潜能，并使之完善。在人生道路上，自我实现的形式是不一样的，每个人都有机会去提升自己的能力，满足自我实现的需求。

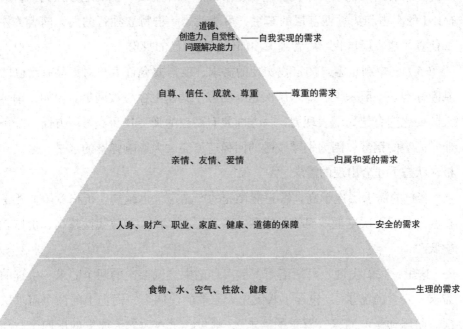

图 1-1　马斯洛需求层次理论

　　根据这五个需求层次，销售人员可以通过产品的不同功能来划分层次，满足客户不同层次的需求。

　　（1）要想满足客户的生理需求，只需满足其最低需求层次，即只需向其展示产品的基本功能。比如，汽车的代步功能，衣服的保暖和蔽体功能，食品的果腹功能等。

　　（2）要想满足客户的安全需求，就需要满足客户对"安全"的需求。比如，车辆的安全功能，摩托车头盔的安全功能，食品的安全保障，商业保险的保障功能等。

　　（3）要想满足客户的归属和爱的需求，就需要满足客户对"交际"的需求，即该产品能否有助于提升客户的交际能力。比如，朋友之间是否购买了同级别的车辆，是否用了同级别的化妆品，是否购买了同品牌的服装。

　　（4）要想满足客户的尊重的需求，就需要满足客户对产品差异化的需求。这类客户更加关注产品带来的意义。比如，即便是同级别的车辆，为什么有的人买奔驰，有的人买宝马；即便是同级别的化妆品，为什么有的人买了迪奥，有的人买了香奈儿。这就是客户想要体现出个性的地方。比如，买MINI 的车主和买兰博基尼的车主，可能就是一群特立独行的人，前者关注如何真实地表现自我，后者则关注如何彰显自己的身份。

（5）要想满足客户的自我实现的需求，就需要允许客户对产品有自己的判断标准。一般来说，需求层次越高的客户就越不容易被满足。比如，钢琴大师要想拥有超高的表现力，一方面要有高超的弹奏技巧，另一方面要配备非常高端的钢琴。因为钢琴按键的回弹速度会大大影响弹奏的水平。这是在极端状态下才会出现的需求。

客户的需求层次越高，客户能接受的产品定价也越高。价格竞争显然是在客户需求层次越低的时候越激烈，需求层次越低，可替代性越高，价格就越低。

这里，我们发现，马斯洛需求层次理论中最低层次的两个需求（生理的需求、安全的需求），包含了八大先天原欲的前四个，而向上的两个需求层次（归属和爱的需求、尊重的需求），则包含了八大先天原欲的后四个。马斯洛需求层次理论中的自我实现的需求，在八大先天原欲中是没有的，如果非要归属的话，我认为，反倒是最原始的生存需求更能够代表自我实现的需求，只不过这里不再是个体的生存，而是种族的延续。

同时，我们发现，在现代社会中，拥有精神追求的人可以获得更大的成功，因为他们拥有强大的自驱力，而自驱力能够帮助他们实现人生价值。比如，福耀集团董事长曹德旺先生，就是有强大自我实现需求的人。他在人生已经达到一定高度的情况下，还在不断发展，以求为国家贡献力量，实现一个企业家的价值。

通过上述内容，你应该能够清楚地知道，作为销售人员，在介绍产品时，不仅要讲解产品的基本功能，更要强调你的产品可以满足客户不同层次的需求。这样，你才能更容易赢得客户的认可，制造消费的机会，实现成交。

1.4　趋利避害，人性表现

想象一下：你已经饿 3 天了，现在要在原始丛林里找吃的。这时，身边跑过去一只兔子。你会怎么办？你会立即追赶它，希望抓住它烤来吃，对吗？但是，在追赶的过程中，你突然发现路边出现巨型哺乳动物的脚印，可能是一只剑齿虎的脚印，你会怎么办？我相信，你一定会停下来，观察周围的环境，在确定没有危险的情况下，迅速原路返回。

因为你知道，吃不上兔子，你最多再饿一顿；遇到了剑齿虎，你的性命可能就没了。同时，你也知道，原路返回是最好的选择：在来的路上没有遇到剑齿虎，那么回去的路上遇到剑齿虎的概率应该也是最小的。当然，也有另一种可能，就是你会待在这里。因为在这里你已经看到了剑齿虎的脚印，证明剑齿虎不在这里。大脑机制会告诉你，待着不动可能是最佳的选择。这种反应是我们的祖先在与大自然的博弈中通过血的教训得到的。通过不断积累和基因遗传，这些判断标准已经在人们的心中根深蒂固了。

这些遗传基因会促使人们遇到机会就想抓住，遇到危险就想逃避。回想一下，当你正要购买某款产品时，如果某些事让你感到不舒服，或者只是莫名的不安，你会怎么办？你很有可能会放下东西，离开柜台，对吗？这就是本能，也是客户在购买过程中随时都会出现的情况。他认为安全，所以购买；他认为危险，所以放弃或暂停购买，直到他感到安全，他才有可能继续购买。

在上述的内容中，追赶兔子和购买产品都是在满足需求；逃避天敌和停止购买都是在避免损失。这就是接下来我要分享的内容，人性最重要的两个表现：趋利和避害。

1.4.1　趋利

趋利，即追逐利益。

天下熙熙，皆为利来；天下攘攘，皆为利往。可见，人的行为大多都是为了追逐利益。

那么，你认为客户趋的是什么利？或者，我们拆开来说，先说说你认为什么是利益？很多销售人员都无法确定客户追逐的是什么利益，更不知道如何利用利益去推动客户做出购买决策。

再次提问：客户追逐的利益到底是什么？请告诉我你的答案。你可能会说：我的产品给客户带来的价值和好处、给客户省钱、让客户赚钱、让客户有面子……

但是，这些都不是我想要的答案。价值和好处，只是利益的另一种说法。这种说法，其实没有任何指导意义。给客户省钱之类的说法也只是一种或多种情况的描述，一旦遇到新的情况，你又无法解释了。

利益是抽象的，只要把这个问题解释清楚，就能够掌握利益的核心价值，就能掌握人类最重要的一个驱动力。我认为，利益就是改善某些事物的结果。

简单来说，利益就是改善的结果。

那么，客户趋利，就是追逐"改善的结果"：客户通过消费购买产品，满足个人的需求，就是趋利。

很多销售人员给客户阐述利益时，只关注"改善"，却落不到"结果"层面。以至于产品再好，也说不到客户心里去；服务再棒，也不能让客户感受到；品牌再大，也没有将其转化为客户的感动。

所以，一定要在改善之后强调结果。比如，你说"好的发动机省油"，省油是改善但不一定是结果；省油带来的省钱是改善但也不一定是结果；省下的钱能做别的事情是改善但未必是结果；省下的钱做的其他事情让客户得到了某方面的愉悦、成长或者关系的满足是改善但也有可能不是结果。

当然，你也可以把省油、省钱、物质满足、精神满足都看作结果。不过，确定这个改善结果的前提是：客户看重的是他需要的那个结果。如果他只重视钱，那你就说省油，其实就是省钱；如果他重视用省下的钱去做别的事情，那就重点强调省下的钱可以做某件他喜欢做的事；如果他重视做了喜欢做的事之后得到了情感的满足，那就强调结果是情感的满足。

总之，这个结果不是你说的、你想的、你推断的，一定是客户想要的。

关于如何让客户说出自己内心的需求，以及如何从客户的言语中挖掘客户的需求，我会在后面的章节中详细说明。

1.4.2 避害

避害，即躲避危害。上文中你已经知道，利益是"改善的结果"。与之相对应，危害就是"恶化的后果"。

避害，就是避免出现恶化的后果。对于客户来说，避害就是通过消费避免现状持续恶化，或者通过消费避免损失继续加重（持续恶化）。很多时候，人们喜欢维持现有的生活，维持现有的工作，维持现有的状态。因为改变太痛苦、太难。

- 不想接受挑战，结果到最后不得不面对更加严酷的挑战。
- 不想承担责任，结果到最后不得不承担无法承受的压力。
- 不想用心工作，结果到最后不得不成为被辞退的一员。
- 不想努力学习，结果到最后不得不从低廉的劳动力做起。

这就是恶化的后果。大多数情况下，人们不愿意谈及，也不愿意改变，这就导致了恶化的后果。因为，残酷的现实确实让人无法承受：让一个人承认自己过去或未来的不足或失败，是一个非常大的挑战。

其实，这都来源于短期目标与长期目标之间的差异。有些人为了长期目标而放弃短期的享乐，为了未来的舒适而放弃现在的舒服，为了以后的生活而做好充分的准备。

趋利避害，可以被称为人类思考、决策和行动的终极驱动力。这是人类在不断经受大自然洗礼的过程中积累的自我生存和防御机制。人类会在这种机制的引导下做出最符合自身需求的决策并采取行动。

第 2 章

人性的本质与应用

你已经了解了人性的不同表现形式，但只了解这些还不够，因为这只是表象。你真正要做的是了解人性的本质。只有了解人性的本质，你才能更加游刃有余地解决消费过程中出现的问题，让客户购买真正满足其需求的产品。

比如，你可以用前文提到的任何一种人性的表现形式测试你的成交策略是否可行。但是，不同的人性表现形式，其侧重点有所不同。在实际的销售过程中，销售人员与客户沟通的节奏是非常快的，根本没有时间去研究哪一种人性表现形式会更加有效。所以，只有掌握人性的本质，才能让你在与客户沟通的过程中，迅速了解客户做出消费决策的依据，帮助你快速调整成交策略。

2.1 人性的本质

虽然前文讲了很多人性的表现形式，但是，如果你不了解人性的本质，你可能就只会从技术层面分析问题，解决问题。所以，只有掌握了人性的本质，你才能通过底层逻辑来分析问题，进而更有效地解决问题。

2.1.1 什么是人性

无论是个体的努力工作还是人类社会的进步发展，都是在满足人类生存和繁衍的需求。

比如，八大先天原欲，几乎完全是从人类个体与其家族的生存和繁衍的需求中衍生出来的。九种后天需求的本质是占有更多的社会资源，从而让人类个体与其家族能够更好地生存和繁衍。

七种元情绪来源于内心的需求被满足与否。比如，任何一种需求得到满足后，都会让人开心，开心可以使身体更加健康，这也是人类延续生命的一种需求。再比如，感受到不公平时的愤怒，其实是为了在社会中获得资源，从而保证自己利益最大化的外在表现。六欲也来源于人类的生存和繁衍的需求。例如，美味的食物让人食欲大开，可以摄入更多的营养，从而保证人类的生存。

虽然马斯洛需求层次理论中最高层次的需求是自我价值的实现，但实际上需求层次理论的本质就是自我价值实现的过程。这种自我价值实现是指从个体到家族再到群体的生存和繁衍的需求。需求层次中的每一个层次都是自我价值实现的过程，也是人类生存和繁衍的过程。如果交叉对比，你可以发现马斯洛需求层次理论中的需求层次与八大先天原欲之间的关系基本重叠。也就是说，这两类人性表现都来源于人类生存和繁衍的需求。

同样，趋利避害的标准就是：追求对自己有利的；躲避对自己有害的。这就是获取社会资源和维持个体生存最直观的表现。

趋利避害的本质就是满足生存和繁衍的需求。既然是为了人类生存和繁衍，那为什么有些人会表现出大无畏的牺牲精神，有些人却会干一些损人利己的事，甚至伤害他人呢？

因为人性。那么什么是人性？

人性，从不同的角度来理解，它代表了人的价值观，而价值观则是指导人们做出选择的标准。

有了价值观，你会知对错、分善恶。不过，这里的对错、善恶是相对的。因为每个人对对错、善恶的认知是不一样的。记住，错误的认知也会形成价值观，只不过是错误的价值观。

每个人都有生存和繁衍种族的需求，但是每个人在不同价值观的指引下，做出的选择也会不一样，甚至在面对同一件事情、同一个人时的表现也会有很大不同。因此，如果客户的认知改变了，那么其做出选择的标准就会发生变化。

比如，有些客户从内心就排斥销售人员的介绍；有些客户会很认真地听销售人员的介绍，并详细地了解产品的功能、功效、价格等关键信息；有些客户会将自己的需求隐藏起来，不让销售人员知晓，在自己的心中盘算，以致销售人员不了解他的需求，无法提供合适的产品；有些客户会将自己的需求完全呈现出来，从而帮助销售人员了解自己的需求，提供更符合自己需求的产品。

客户之所以排斥销售人员的介绍，可能认为销售人员是骗子，说出来的话不可信；也可能嫌烦，不想让销售人员打扰自己；也可能是害怕销售人员施压，迫使自己去做自己不想做的事情，比如被要求消费却不好意思拒绝。

同样，作为销售人员，你也会对客户有很多不同的表现。比如，你对客户说话模棱两可、含糊其词；你顶撞客户；你欺骗客户；你愿意为客户付出；你愿意多为客户考虑一些；你不厌其烦地为客户介绍产品；你不理会客户的需求。每个行为表现的背后，都是你的价值观在起作用。

正确的价值观，可以提高人们的思考质量和决策效率，使人们在行为上表现得更好。错误的价值观，不仅会影响自己的行为，还会影响与他人的交往。比如，秉持着"食不言，寝不语"和"严于律他，宽于律己"价值观的人，就会对吃饭说话或者有其他不良习惯的人产生厌恶的情绪，严重时甚至会与对方大吵一架。

有的时候，不同的价值观还会带来矛盾。比如，前面提到销售人员说话模棱两可，是因为销售人员认为有些话不能说（这是一种价值观，比如诚实守信的价值观就会教人不能说谎），但是又不得不回答客户的提问（这是另一种价值观，比如热情待客的价值观就会教人不能冷落客户或拒绝客户的要求）。这个时候，销售人员为了避免欺骗客户又不怠慢客户，回答的时候就会避重就轻、含糊其词。这就是价值观冲突时的表现。

人的行为也并非只有一种价值观来指导。人的价值观是一个整体，这个整体会给人带来指导，最终就会形成不同的人性特征。了解价值观的好处是你可以清晰地了解客户真正的需求。

价值观就是指导人们对事物做出选择的标准。在这个标准中，可能会有很多对立又统一的方面。为什么会这样呢？下面我们就来分析一下。

2.1.2　价值观的形成

思考这样一个问题：你小时候喜欢的玩具，现在还喜欢吗？小时候喜欢的糖果，现在还喜欢吗？小时候喜欢的游戏，现在还喜欢吗？小时候喜欢的图书，现在还喜欢吗？你的答案一定是：不一定。

是的，因为你的价值观在发生变化。一个人的价值观不是一次成型的，而且终其一生也不会百分之百成型。因为价值观本身是不断变化的，一旦受到外界的影响，就会有所改变。有的人心志坚定，不易受到外界的影响，原因可能是某种价值观在形成的过程中对其影响非常大，使其很难受到其他价值观的影响。但是，大多数人会因外界的影响而逐步改变自己的价值观。"近朱者赤，近墨者黑"说的就是这个道理。

为什么价值观会变化呢？这仍然是一个选择的过程。假设你认定诚实守信是你的价值观，那么你会对所有人都诚实守信。但是，突然有一天，因为你对别人说了实话或者你信守承诺给自己带来了莫大的损失，甚至有性命之忧，这时你可能会怀疑自己的价值观是否正确。如果诚实守信这个价值观在你心里并非根深蒂固，它就会在不断被动摇中发生改变。慢慢地，你就开始有新的价值观：如果不是一些原则性的问题，适当撒个小谎也没事。这就是你的选择——放弃原有的价值观，形成新的价值观。可见，价值观是可以被改变的。只是，需要看外界对你的价值观的冲击和影响有多大。

记住，无论价值观如何变化，都是选择的结果。你的价值观形成的过程，就是你不断选择的过程。你的价值观形成过程是这样的：

（1）你拥有一个价值观，并且知道这个价值观带来的结果（注意，这里是结果不是价值，因为这个价值观还没有被验证过）。

（2）你获得了外界的刺激，也就是另一个价值观及其结果的刺激。

（3）你对比了两个价值观及其结果。

（4）你选择了你认为对自己有利的价值观（无论是新价值观，还是旧价值观）。

（5）通过实践验证新的价值观或继续验证旧的价值观。

（6）通过结果亲身验证价值观带来的价值。

（7）形成新的价值观或固化旧的价值观。

需要注意的是，在形成新的价值观时有三种情况：第一种是完全替代旧的价值观，第二种是调整或者优化旧的价值观，第三种是补充或巩固旧的价值观。现在，你可能还无法完全感受到这个价值观形成过程的价值与意义。但是，我相信你读完本书后，一定能够理解。

2.1.3　人性的起源

从价值观形成的过程中你有没有发现一个问题，就是"先有鸡还是先有蛋？"既然价值观是逐步形成的，那么第一个价值观到底是什么呢，又是从哪里来的呢？如果没有第一个价值观，你又怎么会有比较和选择，从而形成新的价值观呢？

其实，我已经告诉过你了。还记得吗？人性的本质是生存和繁衍。追求生存和繁衍的需求，就是人类的第一个价值观，也是人类最原始的人性，在几百万年后成为我们人类基因的一部分，让我们在婴儿时期就知道饿的时候要哭，这样才有奶喝，延续生命；让我们在没有听到过蛇的故事时，看到蛇就会远离或大哭，这样才能得到保护，延续生命。

之后，从最原始的人性开始，人们在成长的过程中，通过与外界的不断接触，产生不同的价值观。有些是通过新的尝试而获得的新的价值观；有些是通过思考新的方法而获得的新的价值观；有些是通过对比他人的价值观而形成了新的价值观。在不断演变的过程中，一些价值观又通过几百万年的吸收和积累，不断融入人类的基因，并传递给后代。这些新的价值观也成了人性的一部分。

我认为，被人类内化成基因的就是先天的人性，被人类后天习得的就是后天的价值观，两者是既对立又统一的整体，循环往复，生生不息，如图2-1所示。

图 2-1　人性的起源与价值观的形成

人性来源于人类生存和繁衍的需求。原始基因中的人性通过对外界信息的选择形成人的价值观；人类通过筛选最适合自己的价值观逐步将其内化到基因中形成新的人性。所以，人性和价值观永远都不会有最终的形态，因为人性和价值观永远处于进化的状态。

人们基于人性和价值观做出的选择就是人性的表现，比如八大先天原欲就是人性的表现。这种以人性或价值观为标准进行选择的过程就是人们思考的过程、决策的过程，并产生最终的行为。人性和价值观对于人们选择过程的影响，就是人们做出思考、决策和行为的驱动力。

2.2　人性的应用

作为销售人员，想要在销售过程中很好地应用人性，需要找到一个合适的突破口。因此，我选择了趋利避害作为突破口，为你解决这方面的问题。

接下来，我们就看看如何利用趋利避害解决人性的挑战。

2.2.1　如何运用趋利避害

你已经知道了趋利避害是什么：利益是改善的结果，趋利是追求"改善的结果"；危害是恶化的后果，避害是规避"恶化的后果"。我将从三个方面（过程与结果、过去与未来、需求与满足）来分析趋利避害，并将最后的结果整合起来，形成一个完整的体系。这样，可以为你以后的销售工作指明方向。

我先说说趋利避害的过程与结果。客户消费的"趋利"，是指客户从发现某方面的需求到满足这个需求的整个过程。我将满足目标的利益驱动称为"结果驱动"，将执行过程的利益驱动称为"过程驱动"。

简单来说：买不买是"结果驱动"，怎么买是"过程驱动"。

比如，客户发现自己需要一辆汽车，即无论出于何种原因，他都要购买一辆汽车。客户发现自身需求并决定购买这背后的驱动力，就是我所说的"结果驱动"。

在购买的过程中，他先要根据自己的需求将车辆的基本特征了解清楚，之后要对价格了解清楚，然后要看车辆交付之后的使用成本是多少，还要了解支付方式等相关信息，接着策划什么时候买，买什么车，买哪个品牌，用什么方式付款，通过什么方式提车，最后实现购买车辆的目的。这个分析以及整个消费过程背后的驱动，就是我所说的"过程驱动"。

客户的趋利过程也有两个驱动：一个是"结果驱动"，另一个是"过程驱动"。对应地，避害过程也有两个驱动：一个是"后果驱动"，即不能承担"恶化的后果"造成的损失；另一个是"风险驱动"，即不能承担趋利过程中出现的风险损失。

简单来说，买或不买的损失，属于"后果驱动"，而过程中的风险损失，则属于"风险驱动"。

其实，趋利避害就是在看"改善"和"恶化"后的变化。

从时间维度来看，"改善"有过去、现在、未来三个时间维度。每个维度都会对应改善的不同层次，如图 2-2 所示。你可以看到，无论客户处于什么样的状态，你都可以给客户提供更高层次的改善方案。

过去	现在	未来
很差	差	一般
差	一般	好
一般	好	很好
好	很好	更好

图 2-2　趋利的时间驱动

　　同样，从时间维度来看，"避害"也有过去、现在、未来三个时间维度。每个维度都会对应恶化的不同层次，如图 2-3 所示。你会发现，对于过去好或一般，现在也可能是一般或差的客户来说，有这样的趋势，就意味着未来可能会差或很差。但这恰恰说明你是有机会改变这种状况的。对于过去很好、现在好、未来一般的客户，你可能要让他们意识到未来的问题出在哪里（这就是恶化的后果），应该如何规避（如何避害）。但是，对于过去差、现在很差、未来更差的客户，我不建议你为他们提供产品。因为他们的差一定是有原因的，很可能是客户自己的问题。而且这种变得更差的趋势越明显，你扭转局势的可能性就越低。你为他们提供产品的结果很可能是无法回款甚至损失自己的名声，这就得不偿失了。

　　接下来，还有一个非常重要的维度——你能否满足客户的需求。你要列出自己能做什么，客户需要什么，然后对比二者之间的重叠项，也就是你能满足客户什么。

过去	现在	未来
很好	好	一般
好	一般	差
一般	差	很差
差	很差	更差

图 2-3　避害的时间驱动

　　这里要注意，你能提供给客户的不仅仅是产品，还有很多其他你可能没有想到的。你可以从品牌或公司、产品以及你个人三个方面来考虑客户获得的利益。比如：

- 品牌或公司给客户带来的利益可能是提升客户的地位、形象，或者让客户放心。
- 产品给客户带来的利益可能是提升客户的销售业绩、利润、营销能力等。
- 你个人给客户带来的利益可能是给客户提供专业的建议、周到的服务以及新的生意等。

同样，你也可以从这三个维度考虑客户如果不选择你会带来哪些损失。比如：

- 如果不选择你们的品牌或公司，后果可能是降低客户的地位、形象，让客户无法达成目标。
- 如果不购买你的产品，后果可能是销售业绩、利润、产值、产品品质、资金周转率或营销能力达不到期望值，成本或费用无法降低到满意的程度，客户关系或客户满意度无法实现预期的目标。
- 如果不和你合作，后果可能是客户失去专业的建议、周到的服务以及新的生意等。

现在，你已经知道了趋利避害的三个方面的表现：过程与结果，过去与未来，需求与满足。接下来，你可以思考如何将它们整合到一起。

你可以整理出你能够给客户提供的所有价值和可避免的所有损失。这样，你就有了一个"弹药库"了。这个"弹药库"能够帮你为客户提供专业的解决方案。

2.2.2 消费决策驱动力

运用好趋利避害这一法宝，你就可以轻松地把握住客户消费过程中可以成交的机会。不过，客户的消费过程既简单又复杂。说简单，是因为消费只有三个环节；说复杂，是因为每个环节之间都有很多节点。我们需要从整体着手，逐步挖掘，才有可能把握住客户的消费过程，激发客户的购买欲望。

客户的消费过程包括购买前、购买中、购买后三个环节，如图 2-4 所示。购买前包括启发、咨询、决定；购买中包括签单、支付、交付；购买后包括使用、服务。

图 2-4 客户的消费过程

　　大多数企业或销售人员只关注购买中的签单和支付环节，却忽略了购买只是一个动作，客户的消费是一个包含购买前、购买中、购买后三个环节的整体。下面，我就说说如何在三个环节中的每个节点应用趋利避害这一驱动力。

　　第一个环节：购买前

　　（1）启发，是指客户受到自身或外力的影响，发现自己有某方面的需求的过程。这个过程同时伴随着"结果驱动"和"后果驱动"。

　　有时，靠客户自己去发现自己某方面的需求比较难，所以更多的是从外部刺激开始，而刺激最大的外力就是广告。比如，你是从什么时候认识到奔驰是量产豪华车 No.1 的？万宝龙是高级书写工具的代名词？脑白金是过节送礼的首选？不管你是从什么时候认识到的，怎么认识到的，总是有广告不断强化你的认知。

　　启发也可以由销售人员来完成。作为销售人员，你要传递信息给客户，告诉客户你能帮助他们解决什么问题。但首要的前提是你了解他们的需求。

　　（2）咨询，是指客户发现需求之后寻找解决方案的过程。在这个过程中，"过程驱动"和"风险驱动"成为主要的驱动因素。如何轻松而没有风险地实现预期结果，是客户最想要的。

　　很多时候，厂家会通过多种方式传递解决方案。大多数情况下，厂家会提供培训和工具给销售人员，也就是你，由你来完成对客户的咨询服务。因为人的表达更富有感染力，更有针对性，更容易交流，更容易充分了解需求，更容易及时调整，更容易提高效率。

　　所以，你需要了解厂家完整的解决方案，包括企业或品牌的历史、产品的特点、价格政策。你在其中的作用是：让客户看到完整的购买过程，尤其是让他们看到后续的服务对于他们实现目标的价值，而非产品价格。现实生活中有很多销售人员都没有看清楚自己的位置和作用，以至于无法满足客户的需求，无法实现成交。

你要让客户看到，要想实现改善的结果，需要怎么做，怎么达成，为什么能达成，你如何帮助他达成。同时，你要帮助客户了解如果不这么做，可能存在的后果是什么，在执行过程中可能存在的风险是什么，你是如何帮助客户解决这些问题以及规避风险的。这个环节是重中之重，如果你在这个环节既能通过结果驱动使客户决定购买，又能通过过程驱动使客户采取行动，你就离成交不远了。

（3）决定，是指客户在明确需求并且获得解决方案之后做出的购买决定。这个时候，结果驱动和风险驱动成为这个环节的主要驱动因素。

在这个环节，客户需要轻松做出决定，而不是很艰难地做出决定。通过结果驱动引导客户不断进入"下一步"。记住，大跨步地跳跃是很难的，而一步步地前进比较容易实现。

你需要将阶段性的目标设定得更细、更精确。每一个阶段性的需求都有明确可以满足的结果，并且让客户能够看到。比如，你可以关注后续的阶段性目标：客户签字、付定金、付尾款。签字是确认购买，付定金是做出购买行动，付尾款是购买行为的结果。这样，每一个目标都很清晰，结果很明确，客户的压力也不会太大。当客户很顺畅地完成消费过程时，客户就不会有任何不安的心理。无论客户在消费过程中遇到什么问题，比如签字的流程耗时很长，付款方式单一等，都会影响客户的消费结果。尤其是在互联网消费过程中，一旦出现付费方式与客户常用的支付方式不一致，就会导致客户产生不满情绪，最终放弃购买。这种不满就是一种风险的暗示，它会影响客户的购买进程。

第二个环节：购买中

（1）签单，是指客户根据购买协议进行支付的过程。在这个环节中，风险驱动是主要驱动力。

在这个过程中，你要做的是，让客户顺利做出决定，并且付诸行动。最好的签单方式是将所有信息确认清楚后，让客户签字。你让客户签字的方式也很重要：指给客户看，在哪个位置签字，并将笔递到客户的手上。这样，客户会很自然地签字，而不会犹豫很久才拿起笔。

（2）支付，是指客户签订购买协议后的支付过程。在这个环节中，风险驱动仍然是主要驱动力。

这个过程有时会分为几步，比如交定金（预付款或首付款）、付尾款。有时候，付款会有不同的方式，比如，交货前付定金或先付首款，货到后付尾款，或者货到付款。不过，货到付款可能会带来赊账的风险，这是你最不喜欢看到的，你应该尽量避免。

（3）交付，是指交付产品给客户的过程。在这个环节中，风险驱动是主要驱动力，因为这是客户最容易产生"风险焦虑"的环节。

因为目标即将实现，所以这个环节是客户最欣喜的环节。但是，一旦出现交付不及时，或等待时间过长，客户就会产生风险焦虑。交付过程最重要的是能够顺利平稳地过渡到客户的使用状态。如果是产品的交付，只需要提供产品并讲解操作方法，确保客户能够正常使用就行了。如果是服务的交付，就需要根据客户的实际需要调整服务的时间、对象、方式、方法，甚至有时还要帮助客户改变过往的工作、生活、学习的习惯。

所以，在交付过程中，你要做到平稳过渡，无论是时间、产品质量、服务结果等，都需要考虑周全。记住，客户是从你手中购买产品的，你不对他负责，对谁负责呢？

第三环节：购买后

（1）使用，是指客户在产品交付之后的操作和应用过程。这个环节以结果驱动和风险驱动为主。

成为产品的主人，是客户最惬意的时候。如果使用过程顺利，将会不断增强客户对该产品的认可程度。客户就会认为这项投资是值得的。这就是在不断巩固结果驱动。但是，如果使用过程不顺利，让客户产生了疑虑，就是在不断引发客户的风险意识，客户就会采取行动维护自己的利益。使用过程不顺利的情况有很多种，包括：产品质量出现问题，产品突然不工作，服务没有达到预期目标，产品严重影响了客户的既得利益等。这些都会使客户产生不满，导致客户投诉。

所以，在使用过程中，作为销售人员你要提供随叫随到的服务。最起码，要让客户随时能够找到你。你要帮助客户顺利使用产品，并且耐心地解决客户在使用过程中产生的问题。你需要细心地分析这些问题、给客户讲解明白，并帮助客户顺利使用产品。只有将客户的问题逐步解决，客户的使用过程才会越来越顺畅。

注意，虽然交付是购买中的环节，但客户真正的消费过程是在使用和服务环节形成的。所以，你的销售工作不能仅仅停止在交付环节，还要考虑使用环节。

（2）服务，是指客户使用的产品需要后续支持的过程。这个环节依然以结果驱动和风险驱动为主。

这里的"服务"与"交付""使用"环节中所说的"服务"是不一样的。"交付"和"使用"环节中的服务，是可以买卖的产品，也可以看作一种无形的产品。"服务"环节中的服务是指产品销售之后的跟进和支持工作，比如客户服务、额外咨询等。

现在，你已经知道趋利避害在购买过程中的影响力，也知道哪些利益会给客户提供改善的结果，哪些危害会给客户带来恶化的后果。你现在已经通过借助客户趋利避害的驱动力，完成了对消费流程的梳理。也就是说，当你梳理好消费流程时，你也就完成了销售流程的优化。你一定要围绕客户的需求，按照客户的消费流程来完成销售工作。

另外，记住：要充分利用结果驱动和过程驱动，它会带给你大量的成交；要充分利用后果驱动和风险驱动，它会为你规避失败的风险。

2.2.3 趋利的成交策略

接下来，我要为你介绍一个能够充分利用客户趋利的心理，激发客户购买的营销技巧——赠送礼包。

赠送礼包这种技巧，基本上每个商家都在使用，但是效果却大不相同。大多数商家只是将一些卖不掉的产品赠送给客户。这样对客户反倒没有任何吸引力。因为这些产品卖都卖不掉，送给客户的意义又何在呢？这样不但无法吸引客户，还会因赠品质量低劣而拉低了商家其他产品的价值。我认为，这样的礼包还不如不送。也有一些商家会赠送一些比较有价值的礼包。虽然礼品价格不菲，但是因为忽略了对礼包的包装，所以没有让客户感受到其价值，从而降低了客户对礼包的期望。下面，我就从礼包的内容和设计两个层面介绍一下如何利用礼包吸引客户。

先说内容层面。礼包，是促销政策的整体包装。所谓促销政策，一般分为四大类：给予现金与现金等价物的折扣、赠送精美礼品、提供免费服务、赠送异业合作伙伴的产品或服务。

（1）给予现金与现金等价物的折扣。诸如，现金折让、全价购物券等。因为是实实在在的折扣，所以这种促销政策对客户来说是最有吸引力的。只是，这样的礼包营销成本比较高。从成本的角度来看，有些现金等价物可能还会给商家带来一定的损失。商家之所以采用这样的促销政策，多数情况下是因为库存压力非常大，所以才将部分产品折让出去来周转资金。一般这样的促销是以本伤人，商家实亏，所以不能长期使用。因此，大多数情况下，商家只能做到部分折让，并且还会搭配使用其他的促销政策。

（2）赠送精美礼品。这种利用精美礼品促销的方式，对于商家而言是有一定利润空间的，或者与现金促销方式相比成本低一些。但这种促销政策对客户的吸引导力比现金促销要弱。不过，如果礼品选得合适，也会产生较大的吸引力。比如，很多商家会赠送一些价值不低、看起来比较精美或时尚的礼品，让客户感到物超所值。

（3）提供免费服务。有些产品是需要定期维护或服务的，比如车辆、操作系统、物业管理等。对这样的服务减免费用，其实类似于现金等价物。不过，这种促销政策对于客户的吸引力相对于赠送精美礼品更弱。因为定期维护或服务的周期跨度大，客户购买之后距使用的时间较长，一些客户因为不能马上使用或看到收益，所以没有办法衡量和认可其价值。只有当后期的维护或服务的价格比较高，且有一定的技术壁垒时，这样的促销政策才会吸引客户。这种方式对销售人员而言没有成本，只有在维护或服务的时候才会产生成本。虽然维护或服务的时候会减免一些费用，不过商家还可以通过交叉销售或向上销售的方式制造一些销售机会。所以，很多商家都喜欢使用这样的促销政策。不过，这同样存在缺点，那就是吸引力不足。

（4）赠送异业合作伙伴的产品或服务。这类促销政策的价值在于独家。

因为一些有限的资源，只有异业合作伙伴才能拿得到。比如，赠送几张某位明星的演唱会门票，邀请某位行业大咖做讲座，提供限量合作版的礼品等。一次完美的异业合作，既能为客户提供价值，也能为异业伙伴提供销售机会，还能帮助销售人员实现成交。不过，这么做的前提是商家或销售人员一定要了解客户的需求。所以，要想开展这类促销活动就要更好地了解客户。

在异业合作的过程中，选择很关键。异业合作的方式有很多种，只能具体问题具体分析。我曾在我的公众号上写过一篇文章是关于异业合作的原则，即要依次满足客户的利益、异业合作伙伴的利益、自身的利益。这样才能保证你的客户获得利益，你的合作伙伴获得利益，最终，你才能获得利益。而且，这样的合作方式各方都能受益。有兴趣的朋友可以去"杨骁"公众号，搜索"异业"，了解一下。

在这里，我想说说如何选择异业合作伙伴，有三点要求：

第一，能够提供精准客户，实现成交的。

第二，能够提供客户流量，有助于宣传你和你的品牌，进而获得客户关注的。

第三，分工在不同领域，能够和你实现战略合作的。

先说说第一点，能够提供精准客户的异业合作伙伴。这类合作伙伴，应该具备比较全面的客户管理体系和比较完善的客户信息档案库。和这类异业合作伙伴合作，你可以根据目标产品的客户画像，实现精准营销，获得高质量客户，进而在短时间内实现成交。在选择这类异业合作伙伴时，一定要了解对方是否具备较好的客户管理体系。否则，如果无法精准定位你的目标客户，那么你们的合作就没有什么意义了。

再说说第二点，说句实话，我一般不太建议和这类异业合作伙伴合作。一方面，成本比较高；另一方面，周期比较长。这种异业合作经常因成本高而导致投资和回报不成正比。

最后说说第三点，能够分工合作的异业合作伙伴。一般来说，这类异业合作伙伴是能够满足异业合作需求的。这类异业合作伙伴可以成为你的战略合作伙伴。假设你是汽车行业的销售顾问或市场人员，你可以选择下面几种异业合作伙伴：

- 为豪华车做深度美容的公司。
- 为航空公司的双 V 客户和银行的 VIP 客户提供出行服务的服务商。
- 为客户提供野营配套设备的供应商。
- 为客户提供高品质生活服务的提供商，比如高端的家政公司。

这些都可以成为你的战略合作伙伴，甚至你可以将营销费用转变成为客户提供的增值服务。这时候，你的营销策略的灵活度会更高，也更容易设计吸引目标客户的营销方案。

接下来，我再说说促销方案的设计。一个好的促销方案，不仅能够促进销售，还能够为客户带来价值感和满足感。要想设计一个好的促销方案，最有效的办法就是做调研，了解客户的需求。但是，一般的调研并不能够准确地了解客户的需求。因为有些时候，连客户自己都不清楚自己的需求是什么，而且他们经常会把想要的和需要的混为一谈。比如，我们知道，喜欢打高尔夫球和能不能打高尔夫球是两码事。如果因为 90% 的客户说喜欢打高尔夫球，你就去组织一场高尔夫球赛，十有八九会失败。但是，如果你根据 90% 的客户说喜欢打高尔夫球这一信息，去组织一场高尔夫球教学活动，并且在教学活动后有练习赛，这就有可能成功。所以，你应该从客户的实际需求出发去做调研。如果调研和分析能力不足，就会得出错误的结论，最终导致产生错误的结果。

下面，我们来谈一谈如何设计礼包。一般来讲，你可以通过以下三个步骤来设计礼包。

第一步：从销售人员那里了解客户的需求。

第二步：根据产品的卖点和客户的特点，设计礼包。

第三步：根据礼包的特点，包装礼包。

我们先开始第一步，从销售人员那里了解客户的需求。这个环节很简单。你只需将所有销售人员组织在一起，针对你即将要促销的产品做如下分析：

（1）曾经购买过这个产品的客户，他们都是什么样的人？

（2）这些客户群体或个体，喜欢什么东西但是不舍得自己花钱去买？

不要对这两个问题的答案设定限制，在这里你要了解所有客户群体或个体可能需要的东西。无论是针头线脑还是轿车楼房，什么都可以，最重要的是把客户的所需列出来。

销售人员与客户接触的时间最多，对客户的了解也最多，所以他们最能提供客户的需求信息。无论是产品还是娱乐活动，什么都可以，只要是能想到的，都要记录下来，为后续的礼包设计做准备。

接下来是第二步，根据产品的卖点和客户的特点，设计礼包。了解了客户的需求，你需要将这些需求分类。你可以按活动类型分类，比如工作、生活、学习；可以按基本需求分类，比如衣、食、住、行；也可以按对象分类，比如大人、小孩、老人、家庭、团队、企业；还可以按领域分类，比如科技、商务、亲子教育等。这样的分类方式或许会有交叉，没问题，只要它能归属到某一类中，都算进去。因为不同的分类有不同的作用，所以分类的内容有重叠也是可以的。

之后，你要按照不同的分类方式筛选出符合促销产品特点的礼品。比如，你销售的产品是家用汽车，你的礼包就可能需要在家庭分类或出行分类中选择。再比如，你销售的产品是商务座驾，你可能就要从通勤类或企业类产品中选择礼包。

确认了礼包的类型后，就要看看预算了。很简单，预算的成本只要不超过你的单品营销费用就可以。比如，某个产品的单品营销费用是 1000 元，你就需要用 1000 元的资金来设计你的礼包。当然，前面我说过，有些商家赠送礼品是为了降低库存成本。如果你的单品营销费用是 1000 元，但是未来 30 天的库存成本是 20000 元，你就可以考虑用超过 1000 元，但不超过 21000 元的预算成本来设计你的礼包。当然，具体比例，要看你礼包的价值和包装。如果包装做得好的话，可能连 1000 元都用不了。

有了合适的预算和分类，你才能根据自己的库存情况和异业资源设计礼包。如果你已经知道什么样的礼包对客户的吸引力大，而又没有这方面的资源，那你就需要自己去拓展资源。

第三步是根据礼包的特点，包装礼包。要知道，如果礼品没有价值，不仅不会增强客户的购买欲望，还会降低客户想要购买的产品的价值。所以，你要做好礼包的包装，让客户认为你的礼包有价值。所以，你要做以下几件事情：

（1）了解礼包内容。充分了解礼包中的产品能够为客户带来的价值，比如可以给客户带来哪些改善的结果和避免哪些恶化的后果。

（2）了解客户需求。充分了解客户对礼包中的产品的需求。礼包中的产品可能会满足客户很多方面的需求，但是最重要的是什么？哪些是客户最想要的？

（3）做好价格包装。根据客户对礼包的需求程度和礼包的价值，测算和标注礼包的价格。要记住，礼包的价格，并不是根据成本价格标注的。比如，礼包的成本是 500 元，但是你要根据客户的需求及市场行情将礼包价格标注到 1000 元，甚至 2000 元。这里，我不是教你欺骗客户，而是要根据礼包的价值来定价，最终提升你的产品的附加值。你的礼包最终是要赠送给客户的，所以只要客户认为礼包值，你的价格包装就到位了。

（4）包装宣传话术。根据客户对礼包的不同需求，设计对应的宣传话术。

至此，你就可以设计自己的超值礼包了。

2.2.4 避害的成交策略

利用趋利心理设计的礼包，能够吸引客户主动购买；而利用避害心理设计的礼包，则能够让客户放下顾虑，主动购买。

客户在消费过程中会因为任何不安而停止购买。所以，你应对风险的能力一定要足够强，强到客户认为你能消除所有可能的风险，这时客户才会继续他的购买行为。当客户的需求已经十分明确，并且需求程度已经非常高时，向客户证明他不会有任何损失，比证明他将获得更多利益更加有效。

目前为了应对风险，保证客户的利益，市场上大多数的做法是零风险承诺。

零风险承诺这种方法在直复式营销中常常出现。商家会承诺客户：购买产品之后，若有任何不满意，可以随时退换货。当然，商家之所以做出这种承诺，一方面是源于对自家产品的自信，另一方面是为了提升客户对该产品的信心。当然，不是所有的产品都适合做出这样的承诺。

当然，零风险承诺也会有一些限制条件，比如，限时：如 3 个月内；限条件：如完全按照计划实施后仍然没有实现目标；限空间：如在本地；限人员：如提供身份证明；等等。为什么会有这些限制条件呢？商家设置限制条件是为了消除客户在合理范围内对风险的担忧，避免由于客户自身原因造成的不良后果由商家承担。这种方式，对于客户和商家来说，是双赢的。客户购买产品或服务本身就是为了实现目标，客户如果根据商家的要求去做，自然就能实现目标。而如果商家的产品或服务无法实现预期的目标，那么客户得到补偿也是应该的。

所以，你在设置零风险承诺的限制条件的时候，要从满足客户需求的角度出发，最大限度地帮助客户打消顾虑，放心购买。

第二篇

语言

在这一篇中,我将围绕如何挖掘客户的需求并根据客户的需求制定成交策略来讲解。为什么本篇的标题是"语言"呢?有三个原因:第一,我是个视觉感知型的人,可以通过观察去感知对方的心理变化,但这个过程我又很难说清楚。第二,我通过练习掌握了语言及语言背后的逻辑,所以我可以很清楚地告诉你如何利用语言挖掘客户的需求。第三,我认为只有从客户口中获得的信息才是准确、有效、有指导意义的信息。所以,这一篇主要讲解如何利用客户的语言挖掘他们的需求,制定成交策略,从而实现成交。

什么是成交策略?就是销售人员在销售过程中,根据客户提供的信息制订的促使成交的方案,简单来说包含 8 个要素:为何、何时、何地、何人、何事、如何、何物、何果。很多销售人员在销售过程中之所以没有有效的成交策略,关键在于他们没有利用好这 8 个要素。所以,这一篇我们要学习如何通过正确地分析正确的信息,制定正确的成交策略。

第 3 章

成交的挑战及应对方法

　　如何打造有效的成交策略，是所有的销售人员、内训师、销售管理人员都在持续关注的。接下来，我就从分析成交的挑战及如何应对成交挑战这两个方面讲解如何制定优秀的成交策略。

3.1 成交的挑战

销售人员在成交的过程中遇到的最大挑战是无法制定有效的成交策略。其中最重要的原因在于销售人员大多数情况下是在错误地分析错误的信息，并由此制定错误的成交策略。下面，我会逐一剖析，帮助你制定正确的成交策略。

3.1.1 错误的信息

我们先来看这样一个场景，当你面对这样的问题时，你会如何应对？

客户给你打电话："喂，我在另一家店里呢。他们这里 A 产品可以优惠 1.5 万元，你能给我优惠多少？要是你的价格低，我就到你那里去买。要是你的价格跟他们的一样，就不用谈了。"

请先把你制定的成交策略写出来，之后向下看。

接下来，我将列举几种可能的成交策略以及你从客户那里获得的"错误的信息"，以便帮你分析为什么你的成交策略不合适。你的成交策略可能是以下几种中的一种：

策略一

你认为客户关注价格，所以你想用低价吸引客户进店面谈。你会说："张先生，别管他们给您优惠多少了，您到我这里来，我的价格一定比他们的便宜。"

你为什么会制定这样的成交策略呢？因为，你是这么想的：客户有可能会拿我的价格去压竞争对手的价格，最后不一定到我这里购买。竞争对手最后给出的价格一旦和我的价格一样或低于我的价格，客户就会在他那里购买。你这么想的一个原因是：客户在竞争对手店里，一旦客户提出你的价格低，竞争对手势必会有所调整。为了签单，竞争对手很可能会把价格降下来。这样，客户就会在竞争对手那里购买，而不会找你购买了。所以，为了保证客户没有筹码和竞争对手议价，又能制造销售机会，你就用了上述的成交策略。

销售人员这样思考是对还是错呢？我认为，销售策略没有标准答案，只有适合的答案，或者在任何场景下都适用的最佳答案。这种成交策略可能真的会使客户进店。不过，如果你增加了"客户可能会拿我的价格去压竞争对手的价格，最后不一定到我这里购买"这样的条件，就是将客户传递给你的信息误解成另外一个信息了。

客户原有的信息是什么呢？其实关键信息只有三个：

（1）竞争对手可以优惠 1.5 万元。

（2）你能不能便宜。

（3）便宜了，我就去你那里购买。

但是，你又加了两个条件：

（1）客户会拿我的价格与竞争对手议价。

（2）所以，即使我的价格低，客户也未必来我这里购买。

于是，你就把客户传递给你的信息从"客户想知道你的价格，从而决定是否要在你这里购买"，变成了"客户想用你的价格去压竞争对手的价格"。这时，你的成交策略自然会从"如何给客户提供有吸引力的价格"变成了"如何预防客户与竞争对手议价成交"。

所以，你制定的成交策略，看似回答了客户的问题，其实却绕过了客户的问题，没有解决客户真正的需求；你在销售过程中既没有回答客户的问题，也没有足够的吸引力邀客户进店。因此，大多数客户都不会满意你的回答，同时可能会产生两种反应：一种是一直追问你"到底能比竞争对手优惠多少"；另一种是觉得你没诚意，直接挂断电话。无论是哪一种，都不是你想要的答案。

当然，有经验的销售人员可能会用话术来应对客户的各种提问。但是，你并不能保证每次都能成功。因为，话术的应用都有一个前提：适用的场景。不过，场景中最关键的是其中的人和事。不同的人，哪怕是在同一个场景中，也会有不同的需求和表现。所以说，话术有很多，不见得都能用得上。只有掌握了关键信息，才能保证你的成交策略是符合逻辑的。

策略二

了解了客户提出的优惠幅度后，你又评估了本店的销售政策，你感觉自己很难做到这一点。所以，你希望动摇客户在另一家店购买的决心，想办法邀客户进店。你可能会说：

"张先生，不可能的。他们店的价格我知道，不可能这么低。他们一定有其他的要求没和您说清楚。就算现在和您说没有其他的要求，到交货的时候也一定会有。我有很多客户都遇到过这样的情况。"

这里，你是这样思考的：既然你给不了客户这样的优惠价格，那么竞争对手也不可能做到。如果竞争对手敢给出这样的优惠价格，那么其背后一定有一些客户不知道的限制条款。然而，一旦你报出了没有优势的价格，客户就会离开你。

所以，你在客户原有信息的基础上，又添加了三个条件：

（1）你的优惠价格达不到竞争对手的优惠价格。

（2）客户不知道竞争对手的价格附有限制条款。

（3）客户不会接受你的价格。

你添加了这样的条件，客户传递给你的信息就从"客户想知道你的价格，从而决定是否在你这里购买"，变成了"客户可能不接受你的价格"。你的成交策略自然会从"如何给客户提供有吸引力的价格"变成了"如何避免客户不满意你的价格"。

这样的策略导致你仍然没有正面回答客户的问题，并且还给客户提供了质疑你的理由，甚至你说出的这个限制条款反倒成了客户攻击你的"武器"。客户很可能会提出一个致命的问题：

"他们没有任何其他限制条款，只是你们做不到吧？"

结果，你却成了被客户质疑的那个人，不仅浪费了一次赢得客户的机会，还让客户对你的印象大打折扣。可见，这个成交策略有两个漏洞：

（1）忽略了竞争对手真的可以给出这个优惠价格的可能，而且这个优惠价格可能是你无法提供的。

（2）导致客户不满。因为你在质疑竞争对手的同时也在质疑客户的智商。

你可能会想：无论怎样，先让客户犹豫一下，这样你就有机会了。但是，你没想到的是：如果客户真的在竞争对手那里，他还是会和竞争对手议价的。如果是这样的话，你的成交策略简直幼稚可笑。因为，就算你的客户真的向竞争对手确认是否有限制条款，你的竞争对手也一定会承诺：绝对没有。就算原来真的有，为了成交，竞争对手也可能会咬牙给出这样的承诺。这样的成交策略，最终让你失去了销售机会，丢失了客户。

策略三

你对市场价格有一定的了解，在你了解到客户提出的优惠价格后，你认为你很难给出这个价格。你想要欲擒故纵，让客户认为你奇货可居，同时又想解决客户对价格敏感这个问题。你可能会说：

"张先生，现在市场上不可能有这样的价格。如果这样的价格您能成交的话，我白送给您都可以。您要是信我的话，可以多问问，再考虑考虑。您若有什么问题，可以随时跟我联系。"

这里，你添加了这样两个条件：

（1）市场价格不可能这么低。

（2）客户在骗你，他想要最低价。

你添加了这样的条件，客户传递给你的信息就从"客户想知道你的价格，从而决定是否在你这里购买"，变成了"客户想要更多的优惠"。你的成交策略自然就从"如何给客户提供有吸引力的价格"变成了"如何欲擒故纵，让客户的谎言不攻自破"。

这里，由于你忽略了客户的真正需求，所以你很可能会失去一个成交意向非常强的客户。要知道，能告诉你价格的客户，是最好成交的客户。同时，由于你这种欲擒故纵的方式使客户得到了冷遇，让客户感觉非常不爽。即使客户有心再看看，也不会再选择你。

策略四

了解到客户提出的优惠价格后，因为你们店的价格和市场价格都达不到这样的优惠程度，你想不出该如何应对客户的说辞，只能告诉客户这个价格不行，于是便没了下文。你会说：

"张先生，我们从来没有卖过这么低的价格。我觉得市场上也不可能有这样的价格。"

这里，你添加了这样两个条件：

（1）你和市场都无法给出这样的价格。

（2）客户要这样的优惠条件，不知道是真是假。

由于添加了这样的条件，客户传递给你的信息就从"客户想知道你的价格，从而决定是否在你这里购买"，变成了"客户要的这个价格我给不了"。你的成交策略自然会从"如何给客户提供有吸引力的价格"变成"算了吧"。

由于你改变了原有的信息，所以导致你的成交策略变成了应付客户，给出客户无法认同的答案。同时，你将有可能成交的客户拱手送给了竞争对手。

以上这些成交策略和话术都是我通过听大量的电话录音记录下来的。分析之后，可能你会认为有些话术说的没错，有些策略也挺好。不过，在我看来，总感觉不到位，没有说到客户心里去。

在我看来，大多数销售人员的表现是：通过自行添加条件曲解客户的意思，从而获得了错误的信息，制定了错误的成交策略，最终无法实现成交。

针对同一个销售场景，为什么不同的销售人员会制定不同的成交策略呢？因为很多情况下，销售人员在分析信息之前已经掉入了非常严重的误区。这个误区就是：无故假设，添加条件。"一千个读者眼中就会有一千个哈姆雷特。"这句话对销售人员来说有非常重要的启示作用。因为，每个人对同一个事物的不同理解源于自身的经历和经验，所以才会对哈姆雷特的故事和人物做出自己的假设，并添加符合自己特征的条件。从成交策略来说，一千个销售人员面对同一个客户，可能会有一千种成交策略。销售人员在自觉或不自觉的情况下，在大脑中提出了某个假设，从而在客户传递的信息中添加了一些条件。这些条件，导致了信息失真。销售人员分析的前提——信息，已经失真，所以得出的成交策略一定会有偏差。

你看，销售人员添加的额外条件，限制了其与客户深入沟通的机会、邀客户进店的机会、实现成交的机会。这就是我常说的，销售人员经常会自己吓自己，让竞争对手轻松成交。

如果你能找到客户的真实需求，就一定能说到客户的心里去，让客户认可你的想法和建议，从而实现轻松成交。但是，前提是你要根据正确的信息采取正确的成交策略。请记住，之所以提出"错误的信息"，是因为销售人员经常做出无故的假设，添加了条件。这样做，会改变信息的原意，造成销售人员对信息的曲解，进而制定出错误的成交策略。这是你应该尽量避免的。

3.1.2　错误地分析

有了正确的信息，你在做出合理的分析后，就能制定出正确的成交策略。不过，仍有很多销售人员即使面对非常简单的信息，也会制定出错误的成交策略。其中的原因就是销售人员错误地分析了客户传递的信息。接下来，我就分享一下成交策略制定过程中的另一个问题——错误地分析。

我们先看看下面这些客户对销售人员说的话：

- "你们还能再优惠一些吗？"
- "你们的价格怎么这么贵啊？"
- "你们什么时候搞活动啊？"
- "你们的价格太贵了！"
- "你们比别人的价格高多了！"
- "你们真牛啊，一毛钱都不便宜！"

当客户对你说这些话的时候，你会得出什么结论？大多数销售人员给我的反馈是：客户在逼我降价，客户想要压价，客户想要更优惠的价格。

这样的分析本身就有逻辑漏洞，如果客户想要压价或逼你降价，他只需要选择不买，就可以解决问题，根本不需要说这些。除非，他们还有其他的需求。这个需求是什么呢？这就需要针对每句话和每个场景单独进行分析。所处的场景不同，表达的需求不同，人们就会有不同的语言内容和表达形式。所以，不能将客户所说的话总结为同一个需求。

如果你对上述的每句话都得出了同样的结论，并总结为同一个需求，那么你就陷入了总结归纳、简单归因的误区。下面，我会详细讲解在需求分析时陷入简单归因的误区会造成什么样的后果。我希望你能通过这些例子举一反三，了解什么是简单归因，从而避免犯同样的错误。

销售人员普遍存在总结归纳、简单归因的问题。最主要的原因是销售人员将其获得的信息进行了总结，并简单地归纳为销售挑战的某个类别，以便他们简化处理，提高成交效率。销售人员会针对这个类别的挑战制定成交策略。这是整理信息之后加以分析的过程，类似于利用大量数据找共性问题的过程。再针对共性问题提出解决方案。如果这是市场营销的策略或运营方法，没有问题，因为你会找到一类特定的客户群体并针对他们制订营销方案。但是，这样的思路在销售环节就存在着大问题。将具体的问题归纳为共性问题并制定成交策略，会让销售人员只关注客户的共同需求而忽略客户的个性化需求。所以，总结归纳、简单归因的方法不适合制定针对单一客户的成交策略。

注意，这里需要补充说明一点。总结归纳、简单归因与无故假设、添加条件是不一样的。从过程来看，无故假设、添加条件是指在获取信息的过程中改变了信息内容，歪曲了信息的原意，导致信息失真。有了这个前提，分析本身就没有意义，制定的成交策略也没有价值。而总结归纳、简单归因是指忽略了信息本身的意思，错误地分析信息得出错误的成交策略。从结果来看，无故假设、添加条件是将一组信息转变为另一组其他意思的信息；而总结归纳、简单归因则是将不同意思的信息分析汇总成了同一个意思的信息。

接下来，和"错误的信息"环节不一样，我会分析以上几个客户的话语，让你看到每句话背后真正的需求是什么，并且根据这些需求可以制定哪些不同的成交策略，从而帮助你意识到错误的分析带来的后果，以及正确的分析带来的价值。

第 1 句："你们还能再优惠一些吗？"

这句话的字面意思是希望你能优惠一些。对于这个客户需求，我和你的判断是一样的。如果仅仅是从这个信息出发，就会发现成交策略只有降价一种方法。那么，客户还给了你哪些信息呢？

下面，我将详细分析这句话中的几个关键词以及这个问句，看看是不是能够得出不同的答案。

先分析"你们"。

假设客户现在是在跟你说话，但是他没有用"你"而是用"你们"。这意味着，客户对你能够报出最优惠价格的能力或资质提出了质疑。也就是说，客户对你给出最优惠价格的能力提出了质疑。在客户看来，你并不能给他最优惠的价格，所以他问的是"你们"。潜台词是：你先问问领导，再告诉我最终的优惠价。所以，当你听到"你们"的时候，一定要有这种意识，客户已经质疑你的能力和权限了，你需要向客户证明你能够给出最终的优惠价。这时，你可以与销售经理或同事配合，给客户一个领导层面确认的最终的优惠价格。这样，就能让客户对你给出的优惠价格放心。

再来分析"还能"。

"还能"的关键是"还"。"还"在这里表示现象继续存在或动作继续进行，也表示在某种程度上有所增加或在某个范围之外有所补充，有持续的意思。所以，"还能"意味着你已经给过优惠价了，客户想了解的是是否还可以继续优惠。那么，客户对给过的优惠价格是否满意呢？在这里没有体现出来，我们先看看后面的内容再说。

接着说"再"。

"再"印证了"还能"的意思：已经给过优惠价了。我们继续往后看。

然后说"一些"。

这是最有趣的地方。客户让你给出优惠价格，居然用"一些"二字，意味着什么？意味着客户认为你的价格还可以，最起码已经达到了客户的购买预期。即便你不再优惠，客户购买的可能性也很高。"一些"，就是让你优惠一点就可以，不用"再"优惠更多了。虽然这个"一些"到底是多少，比较难拿捏；但是，客户的底线是比较清楚的——即使你不降价也有机会成交。至此，对于前面"还能再"的分析，已经有了进一步的答案：客户基本认可了之前的优惠方案。

最后再分析这个问句形式。

常见的问句有设问句和反问句两种。设问句是日常沟通的常用句式，而反问句则是带有情绪的表达方式。客户用的是设问句，所以没有表现出特别明显的情绪。一般来讲，这种表达方式是在试探或避免对方产生不满的时候使用的。从句式来看，客户与你之间的关系不是很近，他担心他的要求会引起你的不满。也就是说，客户对产品的需求以及对价格的优惠程度是认可的，询问是否可以"再"优惠只是一个试探性的动作。

为什么客户会试探呢？这就是我们在前面深入讨论的内容：趋利避害。人都有趋利避害的本性，趋利的本性使他希望价格越低越好。但是，客户心中也有避害的本性：对于产品质量的担心，不希望买到次品。所以，客户的议价有时就会用试探性的口吻，看看是否还能再获得一些利益。

到了这里，你已经了解五个非常重要的信息：

（1）客户还想要更多的优惠。

（2）客户觉得你的权限不够大，给不了更低的价格。

（3）他对前面已给的优惠价格基本认可（即便你不再优惠，也有可能成交）。

（4）客户对产品和优惠价格是认可的，对于价格是否再优惠只是一个试探性的动作。

（5）客户议价时不敢和你说得太直接、硬气，使用了试探性的口吻，在关系中的表现比你弱一些，情绪表现得有些紧张和不安。

至此，你可以非常清晰地制定成交策略了。你的成交策略可以是这样的：

（1）向客户证明你是能够提供最终优惠价格的人，或者和销售经理配合让客户认为你给出的价格就是最终的优惠价格。

（2）通过强化产品价值，让客户打消再优惠一些的想法。

（3）通过卖人情的方式，给客户再优惠一些，拉近与客户的关系，为后续交叉销售、向上销售及转介绍做铺垫。

（4）通过提供一些其他附加产品，比如赠送一些礼品和服务，让客户感到心理平衡，拉近与客户的关系。

（5）因为客户的情绪有些紧张和不安，你应该考虑安抚客户的情绪，并想办法拉近距离。

注意，（3）和（4）这两点，是可以不用做的。并且，这两点的目的不是成交，而是建立和深化客户关系。也就是说，你完全可以不用再优惠了，就如（2）一样。如此，你的销售话术应该是呼之欲出了。对于销售话术，你现在可以自己写下来，在实际情况中不断应用，看看这样的成交策略是不是可以更加有效地促进成交。

当然，我分析的维度并没有涉及客户内心隐藏的信息。比如，客户心里可能在想：你要是不便宜，我就去别人那里购买。这样的情况下，确实很难抓住客户的真实需求。不过，这并不是最重要的。因为在新的成交策略指导下，你的销售行为会使客户有下一步的反应。当客户有了下一步反应的时候，你自然也会形成新的成交策略和销售行为。这样，你早晚都能挖掘到客户的需求，并且能制定相应的成交策略。所以，只要掌握好这些最基本的需求分析的方法和制定成交策略的方法，自然而然就能促进销售，实现成交。

第 2 句："你们的价格怎么这么贵啊？"

这句话的字面意思其实并没有让你降价。这一点，我与大多数销售人员的认知非常不同。注意，我说的是字面意思。

为什么呢？因为客户并没有对你说出任何要求你降价的话。那为什么会有销售人员认为这句话的意思是客户要求降价呢？因为大多数销售人员犯了前面提到的"无故假设、添加条件"的错误。销售人员自行添加了新的条件：因为我们价格贵，所以应该降价。这个逻辑本身就是错误的。因为价格贵与降价之间没有必然的因果联系。所以，客户不是一定要让你降价，你若采取降价的成交策略，未必能成交。

那该怎么办呢？我继续分析给你看。

首先，这句话是反问句代替陈述句的表达形式，重点修饰的是"贵"字。如果用陈述句，可以说："你们的价格太贵了。"但是，客户用这样的反问句，体现出他对价格的惊讶，甚至难以置信。从这一点可以得出，你的报价要远远高于客户的预期。那么，找到这个预期价格是你下一步制定成交策略的关键。否则，你将很难提供更有效的报价方案，激发客户的购买欲望。

同时，在这句话中，客户没有表现出与你关系的远近，也没有表现出紧张和不安的情绪，只是正常表达了自己的观点。不过，显然客户是被你的价格惊到了。大概率情况下，客户要么对行业不了解，要么对你们的服务不了解，因此客户对价格本身的预期偏低，以至于你报价之后，客户出现了难以置信的表现。所以，你应该考虑的是如何让客户认可你的价格。要想让客户认可你的价格，方法有很多种，比如向客户介绍行业定价的原则、产品的价值所在等。

接下来，对文字内容进行分析，我会考虑："你们""怎么""这么贵"这三个信息。

第一个信息是"你们"。它仍然是一个针对集体而非个人的描述。

不过，在这里，"你们"有两种可能：一种可能是客户抱怨你的公司给出的价格太高；另一种可能是客户觉得这个产品的价格本身太高了，也就是说，该行业目前的定价都比较高。这时候，"你们"代表的是整个行业。不过，从目前的沟通情况来看，到底是哪一种可能你也不知道。所以，这也是你在制定成交策略时要注意的。

第二个信息是"怎么"。在这里，"怎么"既有询问原因，也有"如何"的意思，还有一点不公平的口吻。如果将反问句转化为陈述句，"怎么"的意思是"凭什么"。你可以理解为客户想要知道原因："你们的价格凭什么这么贵？"所以，你的成交策略就要考虑"凭什么"价格这么贵，这样才能打消客户心中的顾虑。

第三个信息是"这么贵"。这三个字包含了两个修饰词：一个是"这么"，是用来修饰"贵"的；另一个是"贵"，是客户对你报价的评价和反馈。你可以这样理解客户的话：价格如此高，以至于我无法购买。这句话表现了客户认为你的价格高得离谱，或者远超他的期望值。同时，"这么"这个程度副词，表示了一定的惊讶，也表现出了一点怒气。这一点和"怎么"相呼应，表现了客户认为价格不应该这么贵，这么贵让他觉得不公平、不合理。他想知道你这个产品价格贵的原因是什么。

我们重点说说"贵"。"贵"是个形容词，是客户对你给出的价格的一种评价。他认为你的价格"贵"，就证明他有自己的心理预期。客户的心理预期来源于客户的认知、经验、购买能力、预算。你只有了解客户是从哪些维度确定的心理预期，才能制定下一步的成交策略。否则，你的降价未必能够达到客户的心理预期，即使你花了很长时间议价，最后也无法成交。

到了这里，你已经了解四个非常重要的信息：

（1）客户心中有预期的价格，并且心理价位远低于你的报价。

（2）你要了解你的价格为什么远高于客户的预期。

（3）客户对这个行业不了解，或对你们的产品不了解。

（4）客户感觉你的报价不合理，感到不公平。

有了以上的内容，你就可以总结一下你对这句话的理解，可以制定如下几种成交策略：

（1）了解客户的心理预期以及这个预期的来源。比如，客户的朋友购买此产品的价格，客户的预算，竞品的报价，等等。

（2）弄清楚心理预期之后，再考虑如何展示你的产品的价值，让客户感受到你的价格的合理性。

（3）客户目前和你的关系并不近，所以，你要采用一定的策略拉近与客户的关系，可以多聊一些生活或工作方面的事情，找到客户的关注点，尝试找到新的突破口。

（4）你要弄清楚一点，就是客户到底是对你们店的价格不满意还是对品牌或者行业的整体价格不满意。如果是对前者不满意，你需要让客户认可你们的产品的价值；如果是对后者不满意，你需要让客户认识到这是市场常态。这样，比较容易赢得客户的认可。

这样的需求分析，是不是和简单的"客户要压价"这样的分析结果完全不同呢？你不会有不知道降价多少才能成交的顾虑，更避免了因无效议价而无法成交。同时，新的成交策略可以让你有更多的机会挖掘客户的需求，从而更有针对性地制订成交方案，提高成交率。

第 3 句，"你们什么时候搞活动啊？"

这句话很有意思，客户没有表达对价格的期望，却对其他信息产生了兴趣，比如"活动"。这句话里有三个关键词："你们""什么时候""搞活动"。

先说"你们"。这里的"你们"基本上就是你们店的意思，不多说了。

接下来说"什么时候"。这体现了客户购买行为的一个心理状态：看情况。这个情况来源于你"搞活动"的时间。为什么要看"搞活动"的时间呢？这就要分析"搞活动"在客户心中的概念了。从这个分析来看，客户对产品本身是认可的，就看你能够提供什么样的额外价值了。所以，这句话中最重要的信息是"搞活动"。

一般来讲，"搞活动"在商家和客户眼里就是促销。在趋利的应用环节，我提到过如何设计超值礼包。最常用的促销方式大致有三种：

（1）给予现金与现金等价物的折扣。

（2）赠送精美礼品。

（3）提供免费服务。

你可以根据自己的预算来策划这些促销方案，也可以通过异业合作来实现。客户对哪种方式感兴趣，你就可以通过哪种方式实现成交。所以，你需要先与客户沟通，了解客户的偏好；之后，再设计新的成交策略促使客户购买。

从句式和语态方面来看，上面这句话没有体现出某一主导情绪，而且客户与你之间的关系也是平等的。所以，你只需保持这样的状态或采取拉近关系的销售动作就可以了。

到了这里，你已经了解两个非常重要的信息：

（1）在客户的意识中，只有促销活动才是真正的促销。

（2）客户希望获得更多的促销优惠。

最后，我们总结一下，你现在的成交策略应该是：

（1）了解客户关注的是哪种促销方式。

（2）一旦了解客户偏好某一种促销方式，在能力范围内，你可以提供最多三套可选方案，让客户感觉你提供的方案有选择的空间。

（3）找机会拉近与客户的关系，加深客户对你的信任。

这样的成交策略可以让你更有行动目标。通过挖掘客户需求，你可以有针对性地提供附加价值，让客户感觉到你提供的产品或服务的性价比更高，从而促进成交。

第4句："你们的价格太贵了！"

我们还是按照前面的逻辑来分析。在这句话中，我们重点分析三个词："你们""太""贵"。

"你们"，仍然是区别于你。这里应该是针对你的报价而言，而非行业价格。所以，你应该考虑的是如何让客户认可你的报价。

"太"，这个词非常重要。它是一个程度副词，修饰"贵"。一般来讲，客户说"贵"就已经表达出他对你的报价不认可，再加上一个"太"字，意味着客户对你的报价非常不认可。那么，客户为什么会对你的报价不认可呢？是因为他的预算低，还是同行报价低，抑或是你们的沟通过程影响了客户的情绪？这时，你应该考虑的是为什么客户对你的报价不认可，而不是纠结于是否降价。否则，你不了解客户的心理预期，即使你降价亏到血本无归，也不一定能成交。

"贵"，这个词是客户的观点。他认为"贵"，就意味着他内心的价格比这个低。所以，找到他内心的标准是关键。从语气和表达方式来讲，客户对于你的报价有些惊讶和不满。所以，你要考虑的是如何让客户接受你的报价，也就是你的产品价值是否配得上这个价格。

同时，在这句话中，无法判断客户与你之间的关系如何。因为关系好坏，更多的时候是通过语境和语气来判断的，所以这部分我不做重点分析。如果有兴趣，你可以关注"杨骁"公众号了解相关方面的内容。接下来，你持续用目前的方式沟通就好。

到了这里，你已经了解两个非常重要的信息：

（1）客户对你的报价不认可。

（2）客户感到惊讶和不满，认为价格不合理。

根据上述分析，你的成交策略已经很明显了：

（1）了解客户内心的价格预期。

（2）了解客户为什么认为你的价格高得离谱。

（3）展示你的卖点和解决方案，让客户接受你的报价。

你可以看到，如果还没有做这些分析就降价，势必无法成交。这就是需求分析的价值，也是制定成交策略的价值。

第 5 句："你们比别人的价格高多了！"

这句话仍然没有说明客户在向你压价。在我看来，客户的这句话反倒是让你证明为什么你比别人的价格高。这里，我们要分析几个关键词："你们""别人""高""多"。

"你们"，这里针对的就是你们店。因为你们店的价格，比别人的价格高。所以，你要考虑，你可以提供什么样的价值证明你有资格比别人的价格高。

"别人"，这个词非常关键。客户已经告诉你他心中的价位是来源于你的竞争对手。这时你要想办法了解"别人"是谁。当你知道竞争对手是谁，就知道如何制定成交策略了。

"高"，代表客户认为你的价格比他的预期要高。所以，你要找到客户的心理价位是多少。

"多"和前面的"太"一样，属于程度副词，修饰"高"。这表现出客户认为你的报价高得离谱。因此，你需要证明你的产品为什么值这么多钱。

从字面意思来看，客户对价格表现出了震惊和不满。同时，客户的语气中有指责的意味。所以，你要注意你的沟通方式，不能冒犯客户。

到了这里，你已经了解三个非常重要的信息：

（1）客户对你们店的价格不认可、不满意。

（2）客户已经了解过竞争对手的价格。

（3）客户与你的关系是上下且对立的。

有了以上的信息，你的成交策略应该是这样的：

（1）展示你的产品独特的价值，向客户证明你给出的价格的公平性与合理性。

（2）想办法了解客户的预期及来源。

（3）注意沟通方式，不要与客户发生争执。

第 6 句："你们真牛啊，一毛钱都不便宜！"

这句话对你来讲可能很有压力。所以，你可能会迫不及待地表现出自己"不牛"，而且还会顺带给出优惠的价格。如果这样做，你真的就"误入歧途"了。我们还是要来分析一下这句话背后的意思，才能知道该怎么做。这句话中的关键词有几个："你们""真""牛""一毛钱""都""不便宜"。

"你们"，这里不是针对你，而是你们店。所以，你要让客户认可你的报价，或者了解为什么客户会对你们店的报价不满。

"真"和"太"一样，有非常的意思，修饰"牛"。这里，客户表现出了非常惊讶的态度。

"牛"，基本上大家都能理解这个词的意思。客户想表达的是：你们很强势、很霸道。而且用这个词的时候，客户一定是咬牙切齿的。因为，客户感觉被冒犯了。如果在正常情况下，稍微理智一点的人，都不会用"牛"这个字眼，而会用"厉害"等类似的词汇。那么，客户为什么不用"厉害"呢？因为，客户有贬低"你们"的意思。"牛"字表达了一种情绪。在"人性"篇中我说过，负面情绪大多来源于情感上得不到满足。所以，客户才用"牛"来表达自己的愤慨，同时还表达了对价格的不满。"真牛"，意味着客户对你们的价格，以及报价的态度或服务的态度感到震惊和不满。那么，客户内心一定有"不牛"的预期，这就是他所期望的服务标准与心理价位。这个时候，你要做的是了解客户内心"不牛"的预期是什么：价格？服务？态度？一般来讲，客户有这样的表达，是因为对对方做人做事的态度有看法。

再回头思考"你们"。这里的"你们"，指的不是你们店，而是你们店的这群人，包括你在内。也就是说，很有可能是因为你冒犯了客户，客户才会这么说话。

"一毛钱"，强调的是非常小的金额，是夸张的表现手法。这表现出客户的无奈、不满和气愤。既然客户说出这个词，就意味着你在前期沟通的时候，可能表现出了非常强势的态度。这种态度让客户不满，或者客户因为别的事情怒气未消，导致他觉得不公平。所以，你的首要目标就是找到这个不满或怒气产生的原因。

"都"，这里是副词，用来加强语气，修饰的是"一毛钱"。客户的态度很明确：你们连一毛钱都不愿意让，让我下不来台。

"不便宜"，就是没有优惠。连带着"一毛钱"来分析，客户强调的是你有没有优惠，而不是优惠多少。客户更看重的是你的态度，而不是最终的结果。所以，你的策略应该是让客户感受到你友好的态度。如果你的态度足够友好，或许你不需要多优惠就能成交。

从整个语句的表达方式来看，客户对你是有敌意的，所以你的成交策略是转移客户的焦点，拉近与客户的关系，等你与客户站在同一个"战壕"后才能进入正常的沟通。同时，客户因对价格不优惠而表现出了愤怒与震惊。因此，你需要证明你的价格是公平合理的，以及为什么无法再优惠。通过说明原因，赢得客户的理解。

至此，你已经了解两个非常重要的信息：

（1）客户极度不满，感到气愤与不公平，心里感到委屈，需要平复。

（2）对服务态度的需求，远超过对价格的需求。

（3）希望销售人员看重他。

所以，你的成交策略可以归纳为以下几点：

（1）要让客户觉得你的价格公平合理，以及你的价格为什么不能再优惠。

（2）要了解客户内心的标准，包括对价格、服务态度的全面了解。

（3）了解客户产生不满和吃惊的原因，是你的问题，还是其他人的问题。

（4）调整自己的沟通方式，尽量表现出低姿态，让客户觉得你的态度很好。

（5）注意你的表达方式。

3.1.3　错误的成交策略

知道了销售人员如何错误地分析错误的信息，就知道在销售过程中，销售人员应该采用什么样的成交策略了。我们可以利用正确和错误的信息，以及正确地和错误地分析，打造一个成交策略坐标系，如图 3-1 所示。这个坐标系利用两个维度（信息和分析）分出四个区间，每个区间都有特定的描述。

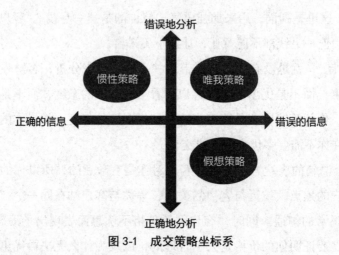

图 3-1　成交策略坐标系

在这个坐标系中，你可以看到正确地分析错误的信息、正确地分析正确的信息、错误地分析错误的信息、错误地分析正确的信息四个区间。在四个区间中，有三个区间会形成错误的成交策略，分别是：由正确地分析错误的信息形成的假想策略、由错误地分析正确的信息形成的惯性策略、由错误地分析错误的信息形成的唯我策略。

其实，如果你了解唯我策略，就很容易理解这三个错误策略产生的原因。因为唯我策略是其他两个错误策略的综合表现。我之所以将三个错误的策略都提炼出来，是为了帮助你逐步了解错误策略背后的根源，从而做好规避这些错误策略的心理准备。接下来，我们先来分析这三个错误的策略，再总结其对销售过程的启示。

假想策略

假想策略是因为销售人员做了假设，无故推论添加条件造成的。那么，为什么销售人员会有假设推论呢？这个答案在"人性"篇中，我已经重复过很多次了。因为每个人拥有不同的价值观，所以不同的销售人员才会对同一句话、同一个信息、同一件事有不同的看法，而这些不同的看法，就会导致销售人员添加不同的条件。这些不同的条件，就会将客户传递的信息歪曲，从而使销售人员得到另一个不同的信息，据此制定出不同的成交策略。

假想策略是建立在错误的价值观之上的。实际上，你认为的客户利用你、不信任你、欺骗你，这些假设都来源于你对客户的不信任；你认为的你的产品或价格不行，来源于你对公司、品牌、产品的不信任。这正是你无法赢得客户信任的根源。

那么，为什么你会不信任客户呢？你回想一下"人性"篇中价值观形成的过程，就能理解了。价值观的形成来源于两个方面：一方面来源于基因遗传，另一方面来源于后天习得。针对不信任客户这件事，你的价值观很可能来源于你的后天习得。也就是说，你一定有过类似的经历，并且这种经历使你在内心强化了这样的价值观，形成了你的避害机制。

所以，在与客户的沟通中，你始终保持着质疑客户的心态，揣摩客户的动机。这样，你就会无意识地添加额外的条件到信息中，从而产生假想策略。

你可能会问，分析了这么多，有什么用处？

要知道，人的大脑是非常神奇的。当你没有意识到某件事情的时候，大脑会在你无意识中用它最擅长的方式帮你分析和解决问题。但是，当你意识到某件事情的时候，就会刺激大脑用不同的视角去看待这个问题，之后，大脑会让你用新的视角分析和解决问题。这就是大脑的元认知能力。有了元认知能力，你就能从不同的角度去看待问题。就好比，你的愤怒是大脑在你无意识的情况下引发了情绪"按钮"导致的。但是，当你意识到自己很愤怒时，大脑便会启动元认知程序，让你从第三方视角观察你愤怒的这一过程。你在愤怒的时候，意识不到是什么导致你产生了愤怒情绪，你的应对方案只会是想办法让自己的愤怒情绪宣泄出去，否则自己就会憋坏了。当你意识到自己愤怒时，就可以发掘自己愤怒的原因，并且有意识地去解决问题，在这个过程中，你自己的愤怒情绪也就宣泄出去了。

我分析添加条件这个过程，就是在帮你激发自身元认知的过程。有了这样的元认知，你就会发现自己因为什么样的价值观，导致产生了什么样的假设推论，添加了什么样的条件，才改变了原有的信息，得出假想策略。之后，你就能知道下一步该如何应对了。你说，这些分析有没有价值呢？

我们再来看看下一个错误的成交策略——惯性策略是如何形成的。

惯性策略

惯性策略，是指销售人员做了归纳总结，形成了简单归因。那么，为什么会出现这样的问题呢？仍然是来源于价值观吗？是的。归根结底，这是来源于趋利避害中的趋利驱动力，而且是过程驱动在帮助销售人员习得这些价值观。因为有些销售人员趋向于用简单的方法解决复杂的问题。所以，在过程中，销售人员会无意识地将客户复杂的信息转变为简单的信息。

试想，一位客户要消费，不是购买你的产品，就是购买别人的产品。对于客户来说，他肯定是要消费的。只是，选择去哪家购买，就是一个概率问题。所以，成交概率其实是客户消费的结果，而非你销售的结果。你用你能成交的概率，去衡量客户能购买的概率，无形中已经将客户的消费概率降低了很多。

所以，在销售的过程中，你需要做的不是用80/20法则来判断客户成交的概率，而是应该持续关注客户的消费过程。

那么，假想策略和惯性策略又有什么不同呢？简单来说，假想策略是不同的销售人员对同一信息的不同反应，惯性策略则是同一销售人员对不同信息的同一反应。它们的本质是一样的，都是由于评价标准或价值观的错误，导致制定了错误的成交策略。只是，前一个是用"不信任"的价值观添加了不同的条件，后一个是用"80/20 法则"的价值观分析了所有的信息。

如果深入地思考，你会发现惯性策略是源于自己的思考惯性，将不同的信息按照自己的理解简单归类分析。这其实也是很多销售人员的一个思维误区。

唯我策略

唯我策略具备了添加条件和简单归因两种错误成交策略的特征：既有假想策略"不信任"的价值观，也有惯性策略"80/20 法则"的价值观。从这两种价值观可见，使用唯我策略的销售人员，永远以个人利益为重，短期目标胜过一切。所以，这些销售人员的成交速度很快，同时战败速度也很快。他们更多的是以客户能否成交为前提：客户能购买，销售人员就会主动服务，尽量获得订单；客户不能购买，销售人员就会放弃服务和跟进。

如何避免制定错误的成交策略

现在，我们回头梳理一下错误的成交策略。想一想，为什么你会添加条件，为什么你会简单归因。答案很简单：因为你"主观"了。

这里的"主观"是指主观性思维，是你在面对一个问题或事物的时候，将其放入自己的经历或者想象的场景中去思考、分析、判断的一种思维方式。这里所说的经历包括很多方面，比如方法、经验，以及看待问题或事物的角度等；这里的场景也是依据个人的经验假想出来的。

说得简单点，就是你被自己的价值观套牢了。在"人性"篇中我说过，价值观一方面来自先天基因，另一方面来自后天习得。当一个人认同自己固有的价值观时，就会放弃接收新的信息，从而放弃习得新的价值观。这就是我们所说的固执。当你用自己的价值观去评判一切，并且放弃习得新的价值观时，你就会变得主观。

很多时候，表达者因为主观（表达者潜意识中认为接收者与表达者有同样的背景），所以提供的信息不完整。同样因为主观（接收者潜意识中认为表达者与接收者有同样的背景，表达者说的内容就是自己理解的内容），所以接收者的理解也会出现偏差。

通过上述分析，你应该能了解到人与人之间的沟通经常会造成信息的失真，尤其是在添加条件或简单归因的情况下，更容易将表达者的信息歪曲，错误地分析信息，导致成交概率降低。

所以，对于"主观"的总结，用一句话来说就是，如果你只用自己的价值观分析问题制定策略，就很容易犯错。

知道了"主观"带来的问题，就要想办法去解决它。要想解决这个问题，就要先了解其根源，即主观产生的原因。当认识到人与人沟通需要避免主观的时候，我就一直在思考人们是如何变得主观的？我认为，还是人性在起作用。

在沟通的过程中，人们在表达信息的时候，会有两种表现：一种是保护自己，尽量减少语言描述，以避免带来不必要的损失；另一种是让自己舒服，说话不管不顾，只为让自己开心。这两种都是人性中趋利避害的表现。

如果你是第一种人，就会让周围的人感觉你不善言辞或不爱说话；如果你是第二种人，就会让周围的人感觉很压抑，甚至感到被攻击。

无论是哪一种人，都会有共同的表现——所表达的信息容易失真。第一种人信息失真的原因是说的内容太少；第二种人信息失真的原因，是只顾自己爽，导致信息分散或者忽略了某些信息。

同样，所接收的信息也是因为这两种原因失真的。一种情况是信息接收者添加了额外的信息，导致信息失真；另一种情况是信息接收者只关注自己想关注的信息，从而忽略了其他信息，导致信息失真。

现在，你再冷静思考一下：你到底在做什么？答：在了解客户的需求。了解需求的目的是什么？是要说服对方购买产品吗？错。了解客户需求的目的是将客户需求挖掘出来，以便更好地提供解决方案。如果你不能挖掘客户的需求，就不能提供满足需求的解决方案。如果你提出的解决方案客户不能理解，客户就不会配合你，最终不会选择与你成交。挖掘客户需求的过程，就是双方传递信息的过程。如果你不能与客户充分、深入地沟通，就无法挖掘客户的需求。

实际上，人性的表现也是我们大脑工作的表现。大脑的构造有三个层级：直觉脑、情绪脑、理性脑。在刚接收到信息时，你的直觉脑马上就会做出反应，并在反应过程中添加了某个条件。然后，信息会到达你的情绪脑。你的情绪脑会对直觉脑加工过后的信息做出反应，进而产生不同的情绪。如果在这个时候，你马上回复对方的问题，自然就是直觉和情绪的结果，因为缺少了理性的分析。这时，你就是在错误地分析错误的信息。如果你能够在这个过程中，让理性脑参与其中，排除直觉脑和情绪脑在不理性的情况下做出的反应，就能做出正确的反应，即正确地分析正确的信息，从而产生正确的成交策略，实现成交。

有了这样的认识，你可能会思考这样三个问题：

（1）如何让自己的理性脑参与思考？

（2）自己的直觉脑添加了哪些条件？

（3）如果总是这样去思考问题，会不会很累、很麻烦，违背人性？

这三个问题，其实是一个问题。答案是：你完全可以让自己的理性脑参与思考，因为它能够很轻松地让你发现自己是否添加了什么条件。同时，你会发现，这样做不但不累，反而觉得很简单并且充满乐趣。

你要知道，直觉是由你的价值观引发的。当你心中有了根深蒂固的观念后，就会对某件事有先入为主的看法。比如，假设你认为文身的人都不是好人，就会对文身的人敬而远之。当你和一群文身的人在一起的时候，你会很不舒服。有时你在街上看到某个人文身，你心里都会默默地念叨一句"这不是好人"。但是，有些人认为文身是一种艺术表现或生活态度，他们认为文身能够表现自己的某种审美或者信仰，这是一种很正常的现象。

那么，这种根深蒂固的观念会不会改变呢？当然会。其实对于文身的认识和理解，就是我价值观改变的一个典型的例子。我是北方人。在北方，最早看到的有文身的人，都是一些流氓、小混混，再加上电影《古惑仔》的熏陶，在我的价值观里，文身的人基本上都不是好人。你让我对他们有好感，好像不太可能。但是，后来我认识了很多有思想、有阅历、有文化的朋友，他们也有文身。之后，我又从不同的渠道了解了文身的一些含义，发现它们并不一定代表着人品不好。慢慢地，我就对文身有了不同的理解和认知。

从这个过程中，你会发现，如果你想要解决价值观带来的认知问题，最简单的方法就是：接触不同的信息，从不同的信息中发现自己的认知偏差或盲点，补充这些偏差或盲点，从而形成新的价值观。之后，你的直觉脑就会产生不同的反应。

那么从销售的角度来说，如果你能够理解客户为什么要欺骗你，从而补充自己对客户行为的认知偏差或盲点，你就会改变自己的价值观。比如，如果你认识到客户这么做的原因是他被骗的次数太多了，所以客户也是在采用措施保护自己，而你要想解决这个问题，就应该让客户感受到你的诚意。那么，你就不会有"客户要利用我，所以我要防备"的直观反应，而是"我要让客户信任我，从而赢得订单"的理性分析。

你说，这样的方法难吗？当然不难。简单一句话就可以解决：通过了解不同的信息，补充自己的认知盲点，完善自己的价值观，做出正确的反应。

接下来，我们再说说情绪的问题。如果直觉脑产生错误的反应，就会引发情绪脑错误的反应；如果直觉脑做出正确的反应，情绪脑自然而然地会做出正确的反应。举个例子，如果你对某个客户的直观反应是"他要利用我，所以我要防备"，这个信息一旦传递给情绪脑，你的情绪脑就会感受到不公平。不公平的感受是"怒"这一情绪的来源，所以，你就会生气甚至愤怒。但是，当你的直觉脑做出的反应是"我要让他信任我，从而赢得订单"时，你的情绪脑接收到的信息很可能会给你带来平和的情绪，你会理解客户的心情，从而用同理心去打动对方。

以上的方法就是重塑价值观的过程，是解决你对外界信息做出反应的根本方法。这里，我只是帮助你更好地理解直觉脑与情绪脑对你接收信息、理解信息、思考信息与表达信息可能产生的影响。后面，我会分享更加有效的方法，让你避免用错误的直觉做出反应，以便快速捕捉客户的关键信息。

3.2　成交挑战的应对方法

当你遇到成交挑战时，你该怎么办？下面，我从正确的信息、正确地分析、正确的成交策略三个方面讲解如何解决成交的挑战。

3.2.1　正确的信息

我们先来谈谈什么是"正确的信息"。"正确的信息"就是客户告诉你的信息。

你可能会想：客户说的话，还会有其他的信息吗？就算有其他的信息，也是额外的信息。前面你说了，不让总结归纳，也不让添加其他条件，那还能得到什么信息呢？就算能得出一些信息，这些信息有用吗？能用吗？有什么用？怎么用？

我每次和学员介绍这部分内容的时候，都会遇到这些问题。我相信你也一定有同样的疑惑。这里，我们要厘清一个事实："正确的信息"分为两部分：一部分是客户说的内容（文字）本身，即已知信息；另一部分是通过数学思维推导出来的信息。

说到这里，你可能已经崩溃了。因为在一本销售类书籍中，居然要用到数学逻辑，简直无法想象。不过，当我发现在销售领域运用数学思维分析客户需求，竟能令我茅塞顿开时，我喜出望外。

这里，我先介绍一下什么是已知信息；然后，我再介绍通过数学思维推导出来的信息。

已知信息，顾名思义，就是已经知道的信息。这部分信息，不用多想，就是客户所说内容的字面意思。

如果客户用反问句，将反问句改为陈述句，就是已知信息。同样，如果客户用的是双重否定句，那么将其改为陈述句，也是已知信息。

其实，已知信息并不难获得，难的是你不走样地获得这些信息。这个不走样，就是指不添加额外的条件或者丢失已有的条件。

接下来，我用数学思维推导出另一部分内容。放心，不是很难的数学思维。只要是初中毕业的人，就一定能够理解我下面讲的内容。现在，为了能够让你理解后面的内容，我们先了解一下什么是必要条件。

必要条件的定义是：如果没有 A，则必然没有 B；如果有 A 而未必有 B，则 A 就是 B 的必要条件。

简单来说，就是有了 A 才能有 B；但是有了 A，有没有 B 仍然未知；那么，如果 B 存在，则 A 一定存在。

根据必要条件的定义，我们将其运用到语言逻辑分析上，可以得出这样的结论：如果客户所说的内容（字面意思）是条件 B，那么让客户说出条件 B 这句话的前提条件 A 必然存在。

这时，条件 B 是从客户口中说出的，所以是已知信息；条件 A 是通过必要条件推导出来的，所以称为前提条件。

简单来说，就是客户说的话 B 和让 B 成立的前提条件 A 都是"正确的信息"。

我就拿前面"错误的信息"中的例子再次给你举例说明。

客户给你打电话："喂，我在另一家店里呢。他们这里 A 产品可以优惠 1.5 万元，你能给我优惠多少？要是你的价格低，我就到你那里去买。要是你的价格跟他们的一样，就不用谈了。"

如果画线部分是条件 B 的话，你能从中发现一部分已知信息：客户要买 A，竞争对手可以优惠 1.5 万元，而客户想要更大的优惠。

你当前的状态是这样的：知道对方关注的是优惠价格，但是不知道接下来如何应对，或者你额外添加了一些条件，导致信息失真，从而制定了错误的成交策略。

为什么你无法应对呢？因为你忽略了重要的信息，那就是让条件 B 成立的前提条件 A。你知道前提条件 A 是什么吗？我们先想一想，接着往下看。

前面已经说了，"错误的信息"是因为添加了条件而导致信息失真的。前面采取的成交策略，都不是基于前提条件 A 得到的，因此都不是有效的成交策略。那么，找到了前提条件 A 是否真的就能够制定出更加有效的成交策略呢？是。

那么，这个前提条件 A 是什么呢？就是客户的心理预期是优惠 1.5 万元。

你可能会说，这谁不知道啊。那请你告诉我，你是怎么知道的？

让我来梳理一下吧，你可能想的是：因为客户的心理预期是优惠 1.5 万元，所以他才会问我能不能更优惠。你的这种推导逻辑是不对的。

其实，正确的逻辑是这样的：无论客户是否撒谎或者竞争对手给他多少优惠，客户的心理预期都是优惠 1.5 万元。没有这个前提条件 A，客户不会告诉你信息 B（你能不能比 1.5 万元更优惠）。

这里，我给你罗列了两种可能：一种可能是竞争对手只优惠 1 万元，但是客户的心理预期是优惠 1.5 万元，所以他给你打电话是想问你有没有高于 1.5 万元的可能。另一种可能是竞争对手确实给他优惠了 1.5 万元，并且客户很难再往下压价，所以他给你打电话是想问你有没有高于 1.5 万元的可能。那么，有没有可能竞争对手给他优惠了 1.5 万元以上呢？绝对没有可能。不管是哪一种可能，也不管客户以前的心理预期是多少，他现在的心理预期都已经锚定在优惠 1.5 万元了。

现在，你已经知道，正确的信息是由客户的话 B 与使 B 成立的前提条件 A 组成的。在我看来，推导出前提条件 A 很容易。但是，很多销售人员却感觉很困难。因为很多销售人员经常用主观思维去解读客户说的话。这样，推出前提条件 A 的难度就更大了。而且，很多销售人员会把前提条件 A 与自己添加的条件（我们暂且称之为 C）搞混。

你要记住，客户说的每个字甚至每个标点符号都是有意义、有价值的。一定要紧紧抓住正确的信息，并且不能修改任何一个字，哪怕是标点符号。这样，你才能准确地理解客户所表达的意思，才能挖掘客户语言背后的想法。

你还要记住，每句话应该只表达一个意思，无论这句话有多少个从句，多少个标点符号，都只表达一个意思。如果客户一句话没说完，就意味着他的意思还没有表达完整。所以，一定要等客户讲完全部的内容，你才能开始分析。你不能在客户的话刚说到一半时，就开始思考客户这话是什么意思。因为这个时候，恰恰就是你和客户之间开始产生分歧的关键节点。

最后，你只要记住一点：只要客户没说，就当不存在。也就是说，客户没说的，你不要想；客户没告诉你的，哪怕你已经猜到了，你要当作不知道；千万不要更改客户的话。我在培训课上，一直在劝说学员不要瞎想，不要联想，不要多想，不要假想，就是怕学员改了客户的话，无法获得正确的信息。

3.2.2　正确地分析

你已经知道了如何获得正确的信息。有了正确的信息，你还需要能够正确地分析。想要正确地分析，就要有客观的思维。正确地分析就是客观地分析。我认为，保持客观是销售人员必须具备的重要能力。

那什么是客观呢？我想，先说说客观的状态是什么，再说说客观是什么。客观的状态，就是事物真实存在的状态。不是虚拟的，不是假想的，不是虚构的，是实实在在看得见摸得着的，有实体存在的状态。

客观，就是尊重事物真实存在的状态。真实存在的事物就在那里，但你不一定能看到、听到、感觉到、认识到，发现它或者理解它，甚至研究它。客观，需要你以真实存在的事物为基础分析问题。就是在面对一个事物的时候，不受个人的经验、经历、方法、技巧的影响，以事物原本存在的状态去判断事物的好坏、利弊、真伪，从而决定该如何行动。

保持客观，就是你在面对一个问题时，无论以前是否遇到过、应对过、解决过，都能以第一次接触的心态去看待它，根据客观的信息判断问题产生的原因，并且找到解决方案。

现在，你已经知道了客观的价值。接着，我们就可以解决你心中最大的疑惑：如何保持客观？

如果你是一个小孩子，就一定能够客观。为什么呢？因为你没有任何经历，大脑中一片空白。你听到什么，就是什么，你不会联想到其他方面。

但是，为什么你现在不能客观了呢？因为这跟你所受的教育和所经历的事情有关。在遇到问题的时候，你马上会联想到自己的经历和经验，从而导致你错误地接收信息、错误地解读信息、错误地判断信息、错误地分析信息，最后错误地解决问题。

记住，只要你的思维像野马一样狂奔，任何事物都可能会被联系到一起。也就是说，如果你在信息中无限制地加入条件，那么所有的假设都可能会成立；如果你对所有的信息进行总结归纳，那么所有的归纳也都可能会成立。所以，一旦在分析客户需求的过程中加入条件或总结归纳，就会让你曲解客户的本意。

其实，保持客观很简单：用自己的结论倒推就可以了。你可以通过这样的分析方式来判断自己是否真的添加了条件：我得出这样的分析结果 / 我的成交策略是……因为我考虑了……（条件），这个条件可能是已知信息、前提条件或无故添加的条件。

3.2.3　正确的成交策略

在获得了正确的信息，并做出正确的分析后，你需要做的就是制定正确的成交策略。制定成交策略的目的是影响客户的决策。这里，我会提供两个重要方法和一个核心要点帮助你正确地制定成交策略。两个重要方法是重塑客户内心的标准和强化客户的观点，一个核心要点是关注客户的情感需求。只要你能把这三个方面做好，就能够制定有效的成交策略。

重塑客户内心的标准

想要重塑客户内心的标准，就要知道什么是客户内心的标准，以及这个标准在客户消费决策过程中充当了什么样的角色。如图 3-2 所示，你可以清楚地看到人们是如何从拥有内心的标准到产生言行表达的，其过程如下：

（1）内心有一个标准，这个标准很可能是某方面的价值观；

（2）获得一些信息，这些信息是和内心的标准相对的外部信息；

（3）将外部信息与内心的标准做比较；

（4）比较后，评价外部信息；

（5）评价后，形成观点；

（6）形成观点后，采取行动表达或检验观点。

内心有标准 ➡ 信息获取 ➡ 内外比较 ➡ 做出评价 ➡ 形成观点 ➡ 言行表达

图 3-2　从内心拥有标准到产生言行表达的过程

大多数时候，人们只能看到"言行表达"这个环节，却无法看到前面的五个环节。不少销售人员不理解观点形成的过程，更加不了解内心的标准和评价过程会对客户消费决策起到如此大的影响。

当客户内心的标准和你的预期不一致时，你就很难实现成交。而这时，你的成交策略不该是强行推销，也不该是直接反对客户的观点，更不该是挑战客户内心的标准，而是要重塑客户内心的标准。

那么，该如何重塑客户内心的标准呢？很简单，图 3-2 中的这个过程就是你的突破口。

先看看内心的标准，这个是客户形成新观点的前提，同时也是客观存在的。所以，这个环节中客户内心的标准是无法改变的。所以，切入点不在这里。

然后看看信息获取，这个是客户获得的外部信息，多数情况下是销售人员（也就是你）提供的。这部分信息是被你掌控的，所以是可以改变的。也就是说，你可以在信息获取环节提供给客户你想让他知道的信息。

再看看内外比较，这个过程是客户的内心活动，你很难参与其中。很难，不代表不能。能够参与其中的前提是什么呢？前提是你在信息获取环节中，给客户提供了什么样的信息。你提供给客户的信息越多，客户比较的信息就越多，这时候，你就能够影响客户比较的过程和结果了。

前面我说过，你也可以参与做出评价这个环节。但是，参与的过程是要提出更多的评价维度，引出客户心中更多的评价标准。

接下来是形成观点，这个环节是客户内心活动的结果。既然是结果，就没有可以改变的余地。所以，在这个环节中，你也无法插手，然而这个结果却是你最想改变的。好像陷入了一个死循环：改变结果才能成交，可你又很难改变这个结果。

最后是言行表达，虽然它是一个结果，但也是你的契机。只有抓住客户的言行，你才能有机会与客户进行交流，才能找到客户内心的标准，才能提供更多的信息，才能让客户多维度去比较、评价，最终形成观点，再次用言行表达出来。

整个过程分析完毕后，你应该有一套完整的重塑客户内心的标准的方法：

（1）利用客户表达的信息，判断客户的观点，分析客户内心的标准。

（2）从你想要客户形成的观点出发，对比和评价自己所需的信息。

（3）在信息获取环节，提供给客户多维度的信息。

在信息获取这个环节，你要提供两类不同的信息：第一类信息是评价维度，第二类信息是评价内容。比如，客户需要定制一套西装，大多数商家会给客户一个评价维度：面料。实际上，定制西装还有很多需要考虑的因素，如材料（面料、内衬等）、制作方法、设计风格，以及服务（包括后期的修改和保养）。有了这些因素，再去看一套定制服装，评价维度就更丰富，而不是单纯地只看面料。

从整体来看，你会发现，你可以从两个环节切入：一个环节是明的，一个环节是暗的。明的环节，是根据客户的言行与客户进行交流，这是入手的环节；暗的环节，是在与客户交流的过程中提供不同维度的信息，这是促使其改变观点的环节。

你还会发现，在改变客户观点的过程中，重点不在于改变客户的观点，而在于让客户接受你的评价维度。所以你沟通的重点是依据客户的观点和内心的标准（已知信息 B 和前提条件 A），分析出要给客户提供哪些评价维度，进而推出需要提供给客户的信息。

以上，就是重塑客户内心的标准的过程，其实也是重塑客户观点的过程。

强化客户的观点

一旦客户的观点符合你的预期，你就可以强化客户的观点了。

你需要利用趋利避害驱动力强化客户消费的利害关系：一方面要强调改善的结果，另一方面要强调恶化的后果。

在强调改善的结果时，你需要从获取信息环节开始为客户梳理，带着客户重新走一遍观点形成的过程，并且固化这个观点。不要认为和客户说过一遍就可以了，而要在任何机会下重复，甚至创造机会重复。因为只有重复的信息才是熟悉的，而熟悉的信息对客户来说才是安全的。

关注客户的情感需求

除了从销售业务层面改变和强化客户的观点，你还要从情感方面照顾到客户的情感需求。想一想你自己的消费经历。当你想购买一件产品，而你的父母、朋友、配偶在旁边建议你不要买的时候，你的本能反应是什么？大多数情况下，你心里想的是："我要买！你们凭什么不让我买？"

所以说，情感很重要，因为它也是一种评价维度。这部分内容我会在后续的章节中再详细说明。这里，先说说如何关注客户的情感需求。一般来讲，可以从三个方面切入：

（1）肯定客户的顾虑。

（2）确认客户的顾虑。

（3）提出建议。

先说说肯定客户的顾虑吧。大多数销售人员在遇到客户的观点与自己的预期不符的时候，就会立即否定客户的观点。这就是主观的表现。你需要做的是，先肯定客户传递的信息。比如，当客户提出问题时，你的第一反应应该是肯定客户说的话，比如："张先生，一看您就是一个深思熟虑的人，提出的问题很好，这正是关键点。"

这样，不仅可以缓解双方的对立感，还能给你一定的时间思考应对策略。

你肯定对方的顾虑后，你就有机会确认客户的顾虑。大多数销售人员在这个时候会凭借自己的主观判断，缺少再次确认信息的步骤，直接回复客户。这时，你应该做的事情是和客户再次确认信息。你可以这样说："您认为我们的产品（包括具体参数）价格比竞品（包括具体参数）的价格高，是吗？"

你确认信息后，就可以制定或调整自己的成交策略了。

最后，你可以通过举例的方式提出建议。这种方式避免你直接反驳客户的观点，通过举例的方式向客户提供新的信息。比如，你可以这样说："张先生，我有几个客户也提出了同样的问题，我和他们沟通之后，发现他们的关注点是这样的（说出具体需求）。……不知道您是不是和他们一样呢？"

这样，你就可以很快提供一些额外的信息，植入新的评价维度。

以上内容就是你在顾及客户情感方面需要注意的事项。在"关系"篇中，我还会详细介绍针对不同的客户应该采取何种应对策略。

制定正确的策略

现在，我们再回头思考一下那句话："喂，我在另一家店里呢。他们这里A产品可以优惠1.5万元，你能给我优惠多少？要是你的价格低，我就到你那里去买。要是你的价格跟他们的一样，就不用谈了。"

这句话中的已知信息：客户想知道你优惠的价格，以决定是否购买；前提条件：客户的心理预期是优惠1.5万元；分析结果：如果你优惠的价格高于或等于1.5万元，客户基本上就能购买。

你可以在原有策略的基础上制定新的成交策略。这个新的成交策略分为三步：

（1）肯定客户的顾虑。

（2）强化客户的观点。

（3）增加评价维度。

我们先说第一步，肯定客户的顾虑。这个时候，要想肯定客户的顾虑，就要肯定他的心理预期。因为只有肯定他的心理预期，你才能获得进一步沟通的机会。你可以通过赞美的方式肯定客户的心理预期。这样，客户就很容易接受你。接下来，你就可以进入下一步了。

到了第二步，强化客户的观点，即强化优惠 1.5 万元这个事实。但是，如果你不能优惠 1.5 万元，你就很难在电话中与客户沟通这件事情。因此，在电话中，你既不能直接给出承诺，也不能告诉客户你做不到。所以，你需要通过锚定价位来争取机会。既然不能直接承诺客户优惠 1.5 万元，你就必须将价格锚定在这个价位，不能再高了。

经过第一步和第二步的铺垫，此时你已经影响了客户的心理预期。如果你能够给出更多的选择，比如给出更高的优惠价格，那么你就很有可能约客户见面了。但在这个过程中，你还不能贸然承诺。因为你并不知道竞争对手是否真的能给出这个价格。一旦你给出更高的优惠价格，客户很有可能与竞争对手压价，也就很可能在竞争对手那里成交。所以，你需要在第一步和第二步结束之后，等待客户的反应。根据客户反馈的信息，你再制定新的成交策略。

3.2.4　正确的成交策略

有了正确的成交策略，你就可以这样说：

"张先生，A 产品市场上最高优惠 1.5 万元。您能谈到这个价格，真是太厉害了。"

说这句话，你达到了 4 个目的，分别是：

（1）赞美客户。

（2）锚定客户的心理价位。

（3）打击竞争对手。

（4）给客户"种草"。

有了正确的成交策略，就能够达成多个目标。但是，如果竞争对手真的给出了优惠 1.5 万元的承诺，你该怎么办呢？别着急，你还有第二句话应对客户。

在第一句话结束之后，你一定不要急于说出第二句话，要看看客户的反应。这个时候，客户可能会有几种反应。这里，我只举例说明两个典型的反应：

第一个反应是客户说"嗯，知道了"。客户挂断电话后，你认为他会来你这里吗？不会。这时，你要思考他内心的标准是什么，他为什么会有这样的反应。如果客户还没有挂断电话，你就需要进一步了解客户内心的标准。

你可以让客户描述一下他到底了解了什么信息或有什么样的预期。这样你才能有针对性地制定成交策略。

第二个反应是客户说"你们不能再便宜点？"。你可以这样回答客户："张先生，我有个同事昨天也卖了 A 产品，就优惠了 1.6 万元（超过了 1.5 万元）呢。您下午有时间吗？可以到我们店来，我给您仔细算一下？"

这时候，你就给了客户一种可能，让客户愿意到你这里来。即使竞争对手给出了优惠 1.5 万元的承诺，你也可以通过这句话抓住客户的心理预期，约见客户，继续争取机会。

第 4 章

轻松成交的方法和技巧

现在，你已经掌握了重要的销售原则：正确地分析正确的信息。接下来，我要依据这个原则把相关的销售技巧都教给你。当你完成这部分内容的学习后，我想你的销售业绩一定会有很大的提升。

4.1 通过修饰词，掌握客户的底层逻辑

在"错误地分析"那部分内容中，我们接触过修饰词。但是在那里我只是一笔带过，没有细说。因为只有当你真正把"错误地分析错误的信息"的内容理解了，并且当你真正掌握了"正确地分析正确的信息"的内容时，再讲修饰词你才会理解得更深入。

接下来，我就将整本书中我认为的最重要的内容介绍给你。它不仅可以帮助你快速抓住前提条件，还可以帮助你快速锁定提问的要点。如果你能将它运用好，你就可以迅速找到客户的需求。

4.1.1 修饰词的来源

你可能会问，到底什么是修饰词呢？

从广义来讲，所有的词汇都有可能成为修饰词。任何起到修饰作用的词汇都可以称为修饰词。

从狭义来讲，修饰词大多数是形容词和副词。

形容词，比如大、小，高、低，胖、瘦，贵、贱，黑、白，长、短，快、慢，多、少，等等。

副词大都可以修饰形容词和动词，比如太贵的"太"、很短的"很"、非常快的"非常"，等等。

那么，这些修饰词是怎么来的呢？

先思考一个问题：你是如何在言语中表达你的观点的？比如，你说"这个孩子真聪明"，你是在表达对这个孩子的看法（观点）。你一定是通过评价得出这个观点的。那么，在评价之前，你一定是做过对比的。对比的是什么呢？对比的就是这个孩子所表现出来的智力水平（信息获取，即你看到了孩子的表现）和你对这个年龄段孩子智力水平的认知（内心标准，即你内心认

为的孩子应该具备的表现）。所以，你的观点不仅仅是"这个孩子聪明"，而是"真聪明"。"真"是在强调你的观点。

所以，你可以清楚地知道：修饰词来源于对比和评价，它是你用来陈述观点的词汇。有了这个来源，修饰词的应用就有了两个方向。我们继续来看。

4.1.2　抓住修饰词

当客户用语言说出一句带有修饰词的话时，就是在告诉你，他已经做了对比和评价。同时也在告诉你，他自己内心有标准。这个时候，你要思考的是：客户为什么会说出这样的话。他的观点是什么，他的评价结果是什么，他对比的是什么，他内心的标准是什么。这就是修饰词的价值。所以，你可以利用修饰词做很多事情。比如，抓住客户的前提条件，挖掘更多的已知信息。

大多数情况下，你还可以针对修饰词进行提问。

比如，客户说你们的服务差，你可以问："您指的是哪方面？"这样可以让客户把服务如何差说出来。当客户说出你们的服务如何如何差时，你要将很多具体的内容提炼一下，换成自己的话并与客户确认。

再比如，客户说你们的价格太贵了。你可以针对"贵"进行提问："张先生，您为什么觉得我们价格贵，您能跟我说说吗？"或者，你可以针对"太"进行提问："张先生，您说'太贵了'，能跟我说说为什么吗？"

你若还想了解更多针对修饰词提问的技巧，可以从下面的"27 字箴言"中得到答案。

4.2　用 27 字箴言提问，保证不冷场

你已经知道正确的信息包括客户言语中的已知信息 B 和让 B 成立的前提条件 A，也知道如何通过修饰词不断挖掘前提条件 A。而且，你已经知道抓住前提条件 A 的最佳方法是抓住修饰词。在实际工作中，你可能会遇到

这种情况——客户话很少或者一句话也不说，那该怎么办？甚至还有一种情况——客户主动隐藏信息。这时，你就更难获取正确的信息了。

我在前面也说过，如果是客观存在的前提条件，你是可以抓住的。但是要想了解客户的需求，光听客户说还不够，你还要用提问的方式挖掘隐藏的信息。可是该怎么提问呢？

这里，我将最重要的提问技巧告诉你，为了便于记忆，我将这些技巧总结成 9 句话，每句话只有 3 个字，共 27 个字。我将其称为"27 字箴言"。我会详细介绍每一个提问的场景、用法和注意事项。掌握了这 27 字箴言，你就可以和客户畅所欲言，永远不冷场。接下来，我就着重介绍这 27 字箴言，它们分别是：

（1）可以吗

（2）知道吗

（3）怎么了

（4）为什么

（5）还有呢

（6）然后呢

（7）比如说

（8）所以说

（9）怎么办

我会从应用场景、表达方式、获得答案、注意事项和变化形式等五个维度详细说明，让你轻松上手，轻松提问，轻松成交。

4.2.1 "可以吗"——主动破冰

这句话是在征求对方的意见，经常被用来破冰，尤其是在你想要接触对方，发起话题，与对方正面沟通的时候使用。

一般的表达方式是：

• "问您个问题，可以吗？"

• "耽误您几分钟，可以吗？"

一般来讲，客户会回答"可以"或者"不可以"，"行"或者"不行"。

用"可以吗"开启一场对话，是为了建立一场公平、开放的对话。其关键在于隐藏在背后的潜台词。这个潜台词就是客户是否觉得公平。客户一旦回答"可以"，就意味着客户认为你耽误他几分钟或问他几个问题是公平的。所以，用"可以吗"提问之后，你一定要时刻牢记如何让客户觉得和你对话是公平的。只有这样，你才能思考如何为客户提供价值，如何满足客户的需求，如何让客户感到与你沟通是有价值的，而不是沟通一次就不想下一次了。如果你能在"可以吗"之前提供有价值的信息做铺垫，就能顺利切入你想要沟通的话题。

当然，在不同情况下，你可能会有不同的表达方式。比如，你可以用这些方式开场：

（1）"张先生，能问您个问题吗？"这句话虽然不像"可以吗"这样正式，但是也具备了公平性的特点。如果客户回答"能"，就是认可了你的提议。不过，要记住：你一定要提出有价值的、值得客户思考的问题。这样，客户才愿意和你聊下去。

（2）"张先生，现在方便吗？"这样的提问，潜台词是您要是不方便，我们就等一下再沟通；您要是方便，我们现在就聊几句。这个提问关注的是当下的时间是否合适，一般用来沟通很简单的事情。所以，我一般都会在后面接一句："有个小事儿，是这样的……"

（3）如果事情太复杂，你要提前和客户打招呼。比如，你可以这样说："张先生，有件事想和您沟通一下，大概需要 20 分钟，您看可以吗？"如果客户说"可以"，你就能保证至少有 20 分钟的时间不会被打扰。但是记住，时间即将结束的时候，即便你们两个人相谈甚欢，也要适可而止，抓紧确认重要的信息，让客户和你共同决定是否继续交流。

（4）"您现在是不是不太方便？"这样的提问，可能和前面提问的场景有点不同。其场景可能是：你按照约定的时间和客户见面，而客户正在忙别的事情。这时，你需要确认客户现在是否方便，从而决定下一步的行动。这时，客户可能会和你说"方便"，也可能会说"不方便"。如果他现在真的不方便，会有歉意的表达，让你稍等一会。这样，你就获得了与客户沟通的优势：让客户感到抱歉。这是一个非常好的开始。你可以趁机思考该如何快速切入话题。

（5）"我想跟您确认一件事情，不知道行不行？"这样的提问是有些小技巧的。这个"行不行"隐含了两个意思：一个是和你沟通行不行，另一个是沟通这件事情行不行。无论是哪一种，客户都需要回答你这个问题。所以，你与客户可以很容易地开始对话。当然，从与客户沟通的效率来说，你一定要把计划怎么做这件事情的可选方案提供给客户。这样，客户才更容易做出判断。

（6）"我们是不是可以……"这个提问非常有技巧。将建议和提问整合到一起，既高效，又可以打开话题。这样的提问，大多数情况下用于提出某些建议，让客户和你一起来讨论，创造一个开放的沟通场景。这个提问既没有将观点强加给对方，也没有就原有的观点继续讨论，而是找到了一种新的可能性，让你们可以参与其中。

以上，就是"可以吗"这种提问方式的详细举例了。当然，还有很多场景和提问方式需要你自己去发掘。要知道，这 27 字箴言可是我花了 5 年的时间总结出来的。

4.2.2 "知道吗"——引起兴趣

这是吸引对方的一种提问方式。当你想吸引客户的注意，或者让客户重视你接下来要说的话时；同时，你也想表达重要的观点时，就可以使用"知道吗"提问。另外，当你想说出与常识反差较大的信息时，这也是最实用的提问方式。

一般的表达方式是：

"张先生，您知道吗？"

"王女士，您知道吗？"

这时，客户一定会说："什么？""是吗？""能说说吗？"大多数情况下，你都能够马上赢得对方的关注。这时，你就可以开始表达你的观点。

用"知道吗"开场，是为了制造一种悬疑的场景，是引导客户主动跟着你思考的方法。在使用这种提问方式的时候，一定要注意：你提供的信息，一定要够悬疑、够惊悚、够刺激、够惊艳；一定是能够使客户思想颠覆、有所受益并能激发客户思考的信息。如果你的信息是很简单的、很常态化的，甚至客户比你还要熟悉的，这种开场方式就会失去它的价值，同时还会让客户对你后面说的内容感到失望，这样你就很难与客户聊下去了。所以，在使用"知道吗"的时候，一定要想好，你到底有什么样的信息可以提供给客户，并且让客户感到有价值或有意思。

如果你不确定什么样的信息会刺激到客户，我有一种方法可以帮助你。这种方法，其实就是在"知道吗"之后，直接加上你想让客户知道的信息，看看客户是否感兴趣。这样做的好处有两个：一个是可以直接吸引客户的注意力，使其更快聚焦到你所提到的信息上；另一个是你可以在此之前仔细思考到底什么样的信息才能让客户感到有价值、有趣和不同。当然，这样做也有一个坏处，就是在你不知道什么才是客户最关心的信息时，你传递给客户的信息很有可能激发不了客户的兴趣和关注。所以，这对你来说其实也是一种考验。你需要思考什么是客户真正关注的，什么是客户最关注的，什么是客户亟待解决的。

有了"可以吗"和"知道吗"的提问，你已经完成了破冰的工作。接下来，就到了更有意思的环节——挖掘前提条件。

4.2.3　"怎么了"——了解情况

"怎么了"是一种用于了解情况的提问方式。当你想要了解客户目前遇到的挑战、投诉的背景、情绪产生的原因时，都可以用"怎么了"去提问。也就是说，当你想要了解情况的时候，这是非常有效的提问方式。

一般的表达方式是：

"怎么了？"

"什么情况？"

"遇到了什么事情？"

"发生了什么？"

用"怎么了"提问，可以帮助你快速了解客户目前所处的状态，包括事情的起因、过程和结果等。因为这是一个开放式提问，所以你获得的信息范围会更广。同时，因为"怎么了"的语气含有关心的口吻，所以更容易被客户接受。

当你问到"怎么了",大多数情况下,客户可能会这样说:"我们目前的业绩增长速度太慢了,可是我们不知道问题出在哪里。"或者,"我们现在的价格和别人无法竞争。竞争对手的价格太低了,我们做不到。"或者,"我刚买回去 3 天就坏了。你说怎么办吧?"或者,"你们的服务太差了。"

这个时候,你会注意到,客户给出的都是主观评价。这也正是提问"怎么了"的价值所在。能够让客户说出他的观点,就意味着你已经抓住了修饰词。从修饰词中,你就可以顺藤摸瓜挖掘已知信息。同时,你还可以通过其他的提问方式挖掘更多的背景信息。比如,你可以用后面的"为什么"了解客户观点背后的原因,或者用后面的"比如说"让客户将抽象的评价具体化,让你看到事情的全貌。

"怎么了"背后的逻辑是什么呢?是理性分析,是客观事实。当你问到"怎么了",就是在针对这件事情进行提问。虽然前面说到客户给出的信息都是主观评价,但是实际上你的提问是为了抓住客观事实。你一定要记住这一点:你的"怎么了"得到的结果一定是事实。当客户给出主观评价的时候,你需要让客户回到事实中来,给你提供客观信息。这样,你才能更好地解决客户的问题。

因此,针对客户的回答,你可以这样反馈:

"张先生,您说业绩增长速度太慢了。具体是指哪方面呢?据我所知,咱们公司的产品线还是很广的,不见得每条产品线都不行吧?"

这样的提问,会让客户将问题集中到是哪个产品线出问题了。这就是在帮助客户从客观事实出发,重新审视自己的观点和逻辑。

你也可以这样反馈:

"张先生,您说竞争对手的价格太低了。那竞争对手的价格和您的价格都是多少呢?您这边一定对比过吧?"

这样的提问,也会让客户聚焦于两者的价格。找到这样的差距之后,你就能分析出价格差异的原因了。

你还可以这样反馈:

"张先生,您说刚买回去 3 天就坏了。您能和我说说当时的具体情况吗?

当然，如果您允许的话，我们可以把产品带回去检测一下。您放心，如果是产品质量问题，我们一定负责到底。"

以上这些提问，都是为了让你更快地了解客户的客观情况。有了这些客观情况，你才能更有效地分析客户的问题，并提出有价值的建议。

以上就是"怎么了"的具体应用。当客户表达观点的时候，你可以利用这种提问方式挖掘客户的已知信息。当客户偏离事实的时候，你可以用这种提问方式让客户重新回到客观事实中来，以便你更准确地了解客户的真实需求。接下来，就让我们进入最关键的三个字吧。

4.2.4　"为什么"——挖掘根源

"为什么"是 27 字箴言中最核心的内容，它可以帮助你更加深入地挖掘客户传递的正确的信息。

不过，针对"为什么"提问得到的答案可能有多个维度，因此这种提问方式也是最难掌握的。这就需要你提出的"为什么"一定要非常精准或者有一定的范围，才能得到你想要的结果。在这一部分，我只针对"为什么"的提问方式做出说明。

丰田公司曾经提出的"5Why 分析法"，是非常有价值的分析根源和解决问题的方法。但是，如果你不断向客户追问"为什么"，是非常不合适的。这样不仅会让客户有压力，而且连你自己也不太好意思把一次探寻需求的过程搞成一场咄咄逼人的"审讯"。所以，在挖掘客户需求的过程中，"5Why 分析法"虽然好用，但是不能直接使用。

我有两个非常简单的方法，可以立马改善 Why 这种提问方式，它们分别是 What（Which）和 How。你一定很奇怪，为什么要用 What（Which）和 How 代替 Why？别急，听我细细道来。

首先，我说说 What（Which）。

先回答我，你提出"为什么"的目的是什么？找到客户的购买动机？了解客户不买的理由？挖掘客户不满的原因？了解客户心中的犹豫或顾虑？现在，你知道我要说的是什么了吧？这些"动机""理由""原因""顾虑"，就是 What（Which）。

接下来，我就举几个具体的实例详细讲一下。假设你是一名汽车销售顾问，你想找到客户购车的需求点，你可以这么说：

"张先生，如果要描述您的购车标准，您会用哪三个词来描述？"

这三个词，就是客户选择车辆的标准。如果他说的是身份、家庭、生意，你后续就可以重点关注这三个层面。身份层面，你就要提到品牌与身份的匹配；家庭层面，你就要了解客户的家庭构成，并将家庭与车辆的使用情况紧密联系在一起；生意层面，你要了解客户的生意是什么，车辆对于他的生意有什么价值和用途。只有围绕这三个层面不断深入挖掘，客户才会越来越认为非你不可。

在客户决策环节，你也可以使用类似的方法与客户谈判或议价。当然，这里也有一些技巧，你最好是在谈判或议价之前提出这个问题：

"张先生，一提到买车，您脑海中闪过的第一个词是什么？"

这个词，就是客户做出购买决策的关键词。这个词和上面提到的三个层面很接近，但是，这一定是客户最关注的。当然，你可能会认为这个未必是最重要的。因为你知道有很多客户可能从没有想过这件事。太棒了，你已经提出了一个客户从未想过的问题，证明你已经很专业了，这样提问的结果就是客户开始思考他购车的真实目的。而且，这句话也为你们的交流开了个好头。接下来，你们可以好好讨论一下这个问题。

在整个过程中，你可以应用 27 字箴言这套组合，挖掘所有客户的需求点。

下面，我再说说 How。

当客户抱怨你的产品质量不好时，你仍然可以通过 How 提出问题，了解原因。你可以这么说：

"张先生，您是从什么时候发现这个问题的呢？"

这样的提问，目的在于还原问题发生的场景，从而精准定位问题产生的场景或原因。客户回答你之后，你可以继续提问：

"在这之前的情况是怎样的？"

这时，客户就会开始回想之前的情况，这个产品之前一定是能给客户带来价值的。否则，你不会卖这个产品给客户，客户也不会在你这里购买。你可以继续提问：

"那么，问题发生的时候，具体情况是怎样的？"

这时，客户会自然而然地思考问题发生时的情况。这时，你差不多就能找到客户提出的这个问题的关键点了。当然，在这个过程中，你可能还要通过修饰词来抓住一些已知信息，挖掘前提条件。在不断确认的过程中，你自然就知道问题所在了。这样的过程，不仅缓解了客户的不满情绪，引导客户思考，还找到了原因，解决了问题。这就是通过 How 去解决问题的提问方法。

How 不仅可以用于解决客户的不满，还可以了解客户的决策过程及其产生消费想法的思考过程，具体例子我就不再详述了。

好了，你现在知道了，提问"为什么"大多数情况下是在挖掘问题背后的原因、理由、顾虑。当你了解原因之后，你就可以正确地分析正确的信息，进而更好地制定成交策略，有效沟通，从而推动成交。

最后总结一下，What 重点关注的是决策因素、理由等前置条件；How 重点关注的是思考和决策的过程与路径。这两种提问方式各有侧重。一般来说，想要了解客户方方面面的需求，可以用 What 提问；想要深入了解客户某一方面的需求，可以用 How 提问。

4.2.5 "还有呢"——继续挖掘

"还有呢"是用来挖掘更多信息的一种提问方式。为了避免客户的反感，"为什么"的提问次数不宜过多。所以，想要了解客户不同方面的需求，就需要用"还有呢"来补充。"还有呢"的提问功效类似于 What。只不过，What 能同时挖掘多个维度的信息。"还有呢"是在"为什么"之后继续挖掘其他维度的信息。当然，你也可以直接用 What 提问，之后用"还有呢"补充提问。

结合上面的内容，你可以想到大多数情况下，"还有呢"得到的答案都是并列的信息。什么是并列的信息呢？就是同一维度下的独立分散的信息。这些信息大致遵循 MECE 原则①。一般来说，采用"还有呢"提问时，你获得的

---

① MECE 原则（Mutually Exclusive, Collectively Exhaustive），意思是"相互独立，完全穷尽"，是麦肯锡咨询顾问芭芭拉·明托在《金字塔原理》中提出的一个分类原则。简单来说，就是把一个工作项目分解为若干个更细的工作任务的方法。

答案是这样的：

"为什么？"——获得信息 A；

"还有呢？"——获得信息 B；

"还有呢？"——获得信息 C；

"还有呢？"——获得信息 D；

…………

一般来说，"还有呢"有这样几种常见的表达方式：

"除消费单价外，还有哪些因素会影响您的盈利水平？"

这是在了解一个方面的信息之后，继续挖掘其他并列信息的提问方式。

"除了以上内容，您还考虑到了哪些因素？"

这是在了解几个方面的信息之后，继续挖掘其他并列信息的提问方式。这里强调了"因素"，就属于我所说的在 What 之后提出"还有呢"的情况。

这是在了解一个完整的信息之后，继续挖掘更多信息的提问方式。

接下来，我将"为什么"和"还有呢"联动的过程写下来，你可以当作参考。

销售人员："您没有购买竞品的原因有哪些？"

客户："价格太高了。"

销售人员："还有呢？"

客户："服务也不太好。"

销售人员："除了这些，还有其他原因吗？"

…………

在上面这段对话中，我用了"为什么"和"还有呢"提问，并且还用了不同的形式。除此之外，你可以思考一下，还有哪些形式可以表达同样的意思，这样你就可以将它们运用在你的销售话术中。利用这段对话，你可以把客户不想购买竞品的原因全部挖掘出来。这样，更有利于你制定成交策略。

另外，"还有呢"还是挖掘各种可能性的提问方式。假设你现在不知道该采用什么样的成交策略。很多时候，你并不是没有成交策略，而是你没有把这些成交策略写下来进行总结。如何写下来呢？就是不断地提问"还有呢"，并将所有可能促进成交的方法写下来，直到实在没有任何想法为止。之后，将写下来的内容收起来。搁置一天之后，再写一遍促进成交的方法，并将这两天所写的内容做对比，将新增的内容填写到第一天的清单上。之后再搁置一天，重写一遍，再添加新的可能性。如此 3 ~ 5 次之后，你就会有一套比较全面的成交策略清单。这样，你的成交率自然就会大幅度提升。

4.2.6　"然后呢"——深入探索

"然后呢"是挖掘一段完整信息的一种提问方式。与"还有呢"类似，"然后呢"也经常跟在"为什么"之后，用来挖掘客户没有说完的信息。你可以用灯光来比喻"还有呢"的作用。因为灯光可以照亮整个房间，让你视野所及之处没有黑暗。也就是说，你可以用"还有呢"全面捕捉客户的各种需求。相对应地，你可以用激光来比喻"然后呢"的作用。因为激光可以聚焦到一点，直至这一点被穿透，让你充分看到光线所及的整个路径。也就是说，你可以用"然后呢"将事情的来龙去脉、客户的经历、思考和决策过程了解得清清楚楚。一般来说，采用"然后呢"提问时，你的答案是这样的：

"为什么？"——获得信息 A1；

"然后呢？"——获得信息 A2；

"然后呢？"——获得信息 A3；

"然后呢？"——获得信息 A4；

…………

一般来说，"然后呢"有如下几种表达方式：

"您刚才说到上次的购物经历很神奇，那之后呢？"

这个提问，主要是想知道客户在这次经历之后，有什么想法和行动。这样，你就能分析出来这次经历对客户有哪些方面的影响。这样，你也就容易得知客户的思考逻辑。

"然后呢"还有另一个非常大的功效，就是打破僵局，重新建立沟通场景。在与客户沟通的过程中，很可能会有各种原因导致你和客户之间的沟通中断。这时候，你可以用"然后呢"重新开启话题。

综上所述，你提问的过程和答案大致是这样的：

"为什么？"——获得信息 A1；

"然后呢？"——获得信息 A2；

"然后呢？"——获得信息 A3；

"然后呢？"——没有信息；

"除了 A，还有呢？"——获得信息 B1；

"然后呢？"——获得信息 B2；

"然后呢？"——获得信息 B3；

"然后呢？"——没有信息；

"除了 A 和 B，还有呢？"——获得信息 C1；

…………

当你大脑中有了这样一个树状结构时，思路就清晰多了，你就可以根据这个树状结构不断挖掘客户的需求，从而制定有效的成交策略。

你以为到这里就结束了吗？远没有。还有 9 个字，它们可以帮助你更加准确地了解客户的需求。

4.2.7 "比如说"——举例说明

如果你被人问到"比如说"，你会怎么做？你肯定会给对方举个例子，来说明你前面表达的观点。所以，"比如说"是用来挖掘场景的，或者是让对方形象化举例的。你可以让客户针对某一抽象概念举例说明，挖掘客户的前提条件。这样，你就能从客户的角度出发，了解客户目前的使用情况、状态和过程等信息。不过，这对你有什么用呢？我认为很有用。对于客户的评价或观点，你需要场景化或具体的事例来理解对方观点产生的原因和过程，以便了解对方的真实意图。一般来说，"比如说"会紧跟客户的观点。

"比如说"和 What 有点相似。"比如说"的底层逻辑是说出具体事例，而 What 也可以指代某些信息或事例。不过，不同的是，"比如说"更多的是对抽象观点的具象化描述，而 What 几乎涵盖了所有的信息，范围更广。

你在运用"比如说"时有一个很重要的技巧，就是你要拉长尾音，让客户补足信息，比如：

"您的意思是……"

"您是说……"

"比如说……"

拉长尾音，让客户自己将你所需的信息补充完整，这是利用了人追求完美的心理。当你主动留出一部分内容不说时，客户会有主动补充完整的潜意识。

另外，"比如说"还有另一种变形：

客户："你们的服务不好。"

销售人员："您是指服务的具体行为，还是服务的态度呢？"

这样的提问方式，是把你认为的关键信息直接抛给对方，让对方给出具体的答案。之后，你还可以根据答案继续筛选。如果不是你说出的这两个选项，客户就会告诉你具体的原因。

4.2.8 "所以说"——总结观点

"所以说"就是要将客户错综复杂的描述总结为一个核心观点。这正好与"比如说"相对应。"比如说"是将一句抽象的观点转化为场景化的事例，方便你了解背景；"所以说"则是将大量雷同的信息整合为一个抽象的观点或具体的描述。因此，它们之间是对立的。

那为什么又说它们是不可分割的整体呢？因为，无论是从抽象的观点到具体场景，还是从具体场景到抽象的观点，你所得到的信息都与客户的需求相关。所以，它们确实又是不可分割的整体，可以相互印证。

既然"所以说"这个问题的答案是对具体事例的一个总结。那么，它就可以将客户的不同描述提炼成客户的目标或观点，比如：

客户："你们的产品质量不好，服务不到位，沟通也不顺畅。"

销售人员："那您的意思是？"

客户："你们要是能够打个五折，我或许会考虑一下。"

在这段对话中，客户前面说了很多信息，但是没有表达明确的观点，你就可以用"所以说"直接获取他内心的诉求。这样能够尽快切入正题，你也可以尽快制定成交策略，从而推动成交。

你可以频繁使用"所以说"，以便总结客户的需求或观点。因为这三个字说出来，答案就很清楚了：对方会重新整理语言，告诉你他的观点或需求。

"所以说"这种提问方式的关键在于你要将客户传递的信息总结成具体的需求，以便你后续开展行动。

4.2.9 "怎么办"——打破僵局

"怎么办"是用来寻找解决方案的一种提问方式。"怎么办"的应用场景是可以衔接到其他箴言后面的，同时，它也可以制造一个新的场景。

在客户回答"为什么"或"还有呢"之后，你询问"怎么办"，就是让客户对自己的原因和理由进行总结。这个时候，应用的场景几乎等同于"所以说"。不过，"所以说"只是让客户说出自己的观点，而"怎么办"是让客户给出行动的方向。

你可以这样表达：

"张先生，听了您的顾虑，平心而论，我也很难做出决定。那您想怎么办呢？"

这个时候，你会得到客户的初步想法。客户无论是再考虑考虑，还是做出放弃购买的选择，这对你来说都是好事，因为你可以清楚地知道该怎么做。

在得到"然后呢""怎么了""比如说"的答案之后，你询问"怎么办"，就是让客户还原当时的情景，这个时候等于是在重复"然后呢"的提问。当然，还有一种情景，你可以通过"怎么办"了解客户内心的想法。

你可以这样表达：

"他们是怎么处理的？"

这个时候，客户会继续讲述他的故事或问题，而你会从故事或问题中得到更多的信息，以便你制定更有效的成交策略。

为了了解客户的计划，你还可以这么说：

"接下来，您准备怎么办呢？"

这时，你提问的前提是客户所提及的问题还没有得到解决。这时，客户会表达他的想法和计划，他计划怎么做，怎么解决这个问题。

为了和客户产生共鸣，你也可以这么说：

"他们这么敷衍啊？那您准备怎么办啊？"

这时，你可能会听到客户的描述，也可能会听到客户的抱怨，从而引发你们情感上的交流。

而你询问"怎么办"，就是让客户在表达观点之后给出行动计划。

你可以这么说：

"嗯嗯，是的，您说的确实挺重要。接下来呢？您准备怎么办？"

这时候，你会得到一个具体的行动计划。当然，这个行动计划可能与前面几个 3 字箴言得出的结果一样，也可能会有不一样的结果。为什么呢？因为观点和行动之间有时会有偏差。因为这些偏差，导致你想到的和你做到的并不完全一致，而且这些偏差也只有在结果中才能体现出来。所以，这样的提问其实是在纠正对方大脑中不切实际的想法或观点。很多时候，这也正是促进成交的机会。

还有一些场景，比如在双方议价僵持的时候，在遇到客户需求无法满足的时候，在一些问题无法解决的时候，你也可以通过"怎么办"进行提问。

比如，你可以这么说：

"张先生，那现在您想让我们如何帮您解决这个问题呢？"

接下来的答案，显而易见会引出对方的建议或观点。这时，你就可以根据这些建议或观点，给出自己的反馈。即便当下没有答案，你也可以通过"怎么办"的提问，引导双方思考解决方案。这是一个建设性提问，会促进双方解决问题。

不过，有一点需要注意：当客户情绪不稳定的时候，你这样的提问无异于火上浇油。所以，这个时候，你需要先解决客户的情绪问题，再进行沟通。具体的方法，我会在后续章节中详细阐述。

"怎么办"是我在工作中发现的非常神奇的 3 个字。因为它总能带给我解决问题的思路。说出"怎么办"是为了让你积极地面对问题、解决问题，而不是逃避问题。我希望你在被客户拒绝的时候，多问问自己"怎么办"。我相信，通过不断提问，你一定能找到答案。

这 27 字箴言基本上覆盖了你沟通过程中的所有场景。它既能让你轻松记住，又能让你有效利用，抓紧用起来吧。

下面，我总结一下这 27 字箴言的功效：

- "可以吗"是用来破冰的，主要是建立一个平等、开放的对话场景，从而让你开启话题。
- "知道吗"是用来引起兴趣的，主要是吸引客户的注意力，以便有效表达你的核心观点。
- "怎么了"是用来挖掘背景的，主要是获得客观信息或客户的主观评价，以便提供建议或解决方案。
- "为什么"是用来挖掘需求的，以便你制定成交策略，可以用 What 和 How 的形式来代替 Why 进行提问。
- "还有呢"是用来了解客户不同维度的需求的，以便你制定全面的成交策略。
- "然后呢"是用来深入了解客户特定需求的，以便你制定强化的成交策略。
- "比如说"是用来将抽象的观点形象化的，以便你深入了解客户的经历，更好地理解客户的需求，从而制定适合客户的成交策略。
- "所以说"是用来将形象的描述抽象化的，以便你从繁杂的信息中理出头绪，更加准确地把握客户的需求，从而制定全面的成交策略。
- "怎么办"是用来寻求解决方案的，以便你从客户的观点与言行中找到行为偏差，更加精准地聚焦客户的矛盾心理，从而制定整合客户言行的成交策略。

以上这些提问的技巧，都是为了更好地帮助你了解客户的需求。同时，这些提问方式，能够让你在处于压力的情况下，充分掌握沟通的节奏。你需要将这些提问融入自己的血液。当你能够将这 27 字箴言整合到一起并熟练运用时，就能提升自己的销售水平。

4.3　用好沟通四维度，让提问更聚焦

如果你能够用好前面所讲的 27 字箴言，就可以抓住正确的信息进行正确的分析了。

不过，在 27 字箴言的引领下，你可能会陷入一个怪圈：你获得的答案很分散或者不是你想要的，甚至你根本无法获得答案。这是为什么呢？因为客户并没有想过你提出的问题，所以当你突然提出他从未想过的问题时，他无法马上回答或者无法正确回答。我知道，这不是你想看到的。你希望的是客户能够给你明确的答案，并且是你想要的答案。所以，你需要一些引导方法或者指导意见，以便你在和客户沟通的过程中游刃有余，获得自己想要的信息。接下来，我就分享一下提问过程中需要注意的四个维度。

这四个维度分别是：广度、深度、客观性和相关性，如图 4-1 所示。可以这么说，这四个维度决定了你提问的有效性。下面，我会分别介绍这四个维度。

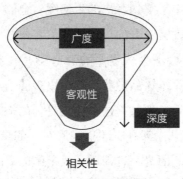

图 4-1　沟通四维度

4.3.1　广度提问，圈范围

提问的广度，是指你提出的问题的覆盖面有多大。

你提出的问题覆盖面越大，你能获得的信息的范围就越大，可建立共同话题的可能性就越高，但是相应地，你获得想要的答案的可能性就越低。

你提出的问题覆盖面越小，你能获得的信息的范围就越小，可建立共同话题的可能性就越小，但是相应地，你获得想要的答案的可能性就越高。

举个简单的例子，如果你想要为客户提供饮料，你可以有两种说法：

"张先生，您想喝些什么？"

这就是问题覆盖面大的提问方式，属于开放式提问。你可能会得到多种答案，比如可乐、雪碧、果汁、茶、苏打水……无论是哪一种，你都会得到一个答案。之后，你可以继续提问：

客户："来杯茶吧。"

销售人员："您看是绿茶、红茶，还是大麦茶？"

一旦客户选择了一种茶，你们就可以这样沟通：

客户："绿茶吧。"

销售人员："好的，这是您的绿茶。我给您选了上好的龙井，是我朋友自己种的，刚摘下来，您尝尝。"

销售人员："味道怎么样？不错吧。您平时喜欢喝什么茶呢？"

销售人员："为什么您特别喜欢喝茶？"

看，这就是在与客户沟通"茶"的内容了，这是不是客户的一种偏好呢？是的。你会不会从中了解到客户的生活呢？会的。会不会从客户的生活中了解到客户的生活态度呢？会的。会不会从客户的生活态度中了解到客户的消费理念呢？会的。会不会从客户的消费理念中了解到客户的消费需求呢？会的。这样就能从一个饮品中获得客户更多的信息。这其实就是通过大范围的提问建立沟通场景。不过，这个前提是你的提问中涵盖了足够多的可回答的信息，而这些信息你都有所涉猎或应对。如果你不能提供多种饮品，就不能使用这样的方式。因为一旦使用了大范围的提问方式，而你又无法继续跟上话题，那么前面的大范围提问就没有任何价值了。所以，如果你没有做好准备，就只能使用限定范围的提问，比如：

"张先生，您想喝可乐、果汁，还是绿茶？"

这就是限定范围的提问，也是封闭式提问。在这个提问之下，客户可以选择的范围只有三种，如果客户没有特殊要求，很有可能就会选择其中一种。无论是哪一种，你都有所准备。你提供了这个服务之后，或许就可以继续与客户沟通。注意，我说的是或许，不是一定。那么，为什么说是或许呢？客户可能会因为某些原因不选择以上答案。比如，他们可能选择一杯苏打水，或者拒绝你的建议。这时，你的处境就非常尴尬了，因为你无法提供这样的服务。

这里，我需要补充两点：

（1）几乎所有限定范围的提问都是封闭式提问。

（2）有限定范围或问题越聚焦的提问，客户越容易回答。

比如在购车过程中，客户如果没有明确要求某品牌的某款车，而是就想买辆车，那么他筛选的周期就会非常长。这个时候，你最好的成交策略就是给客户几个选择方向，快速聚焦购车的用途、需求场景和预算情况。这样，你就可以有针对性地介绍车辆。

现在，你已经了解广度提问的作用，因此你需要根据实际情况来判断如何使用它。所以，在与客户沟通的过程中，对于不同的场景，你先要思考自己的目的是什么，之后再给出有效的提问，一步步引导客户回答，直到得到你想要的答案。

比如，在与客户初次接触的时候，使用一些限定性或聚焦性的提问，一方面会让客户更容易回答，以便逐步了解客户的需求；另一方面也会让客户感受到你的专业程度，从而建立初步的信任。

记住，广度越大，客户能够准确回答的可能性就越低。要想广泛地了解客户的需求，你可以将提问的范围扩大，然后通过"还有呢"进行提问，从而获得更多不同维度的信息。我在前面已经举了很多例子，这里不再赘述。当你想了解具体的需求时，就要将范围缩小，便于客户回答。当然，在初步接触阶段，易于回答的小范围提问可以让你迅速与客户建立关系，并赢得客户的初步信任。

4.3.2　深度提问，求精准

提问的深度是指你对客户提出的问题有多深入。

你提出的问题越深入，对客户需求的把握就越准确，进而制定的成交策略也就越准确。

我举个例子说明一下。因为这个例子来源于我的课堂教学，所以我隐去了品牌名称和产品名称，只用代号来代替吧。

这个案例是在一次我给广州地区经销商做辅导时发生的。当时我辅导的经销商的品牌在本地被日系品牌打压得特别厉害。日系品牌用 A 级车的价格来销售 B 级车，这种降维打击，让他们难以招架。

补充说明一下：A 级车和 B 级车不是某款车型，通俗来讲是指车辆大小。

你可以理解成，B 级车比 A 级车要大，C 级车比 B 级车要大，以此类推。

那么，将 B 级车卖出 A 级车的价格，就是将大车卖出小车的价格。其实，我个人并不认为这种操作是降维打击。A 级车的价格是约定俗成的，但是谁又能说 B 级车就不能定成 A 级车的价格呢？人家通过提高生产效率降低了生产成本，从而降低销售价格，赢得市场份额，本身没什么问题啊。A 级车的价格本身也只是一个价格而已，有朝一日，C 级车也可能卖出这个价格。所以，以 A 级车的价格来卖 B 级车，并不是真正的问题。如果销售人员被这样的思维限制住，那就找不到突破口了。所以，我重新给销售人员梳理了一个思路——你先要知道客户到底想要的是什么。如果你不知道客户想要什么，就根本无法开展有效沟通，自然也就无法实现成交。

如果客户买车先看大小，再看价格，就要先明确客户要的是不是 B 级车，之后，再考虑如何说服客户买你的 B 级车。说服客户购买 B 级车的方法有很多，比如，你可以把价格降到和竞争对手同一个价位，这种方法最简单，但是你不一定愿意做，因为亏钱。你也可以强调你 B 级车的价值，告诉客户，你的 B 级车为什么值这么多钱，让客户认可你的产品，再给予适当的优惠，让客户觉得这个选择也不错。你还可以推荐客户贷款购车，降低客户的购车成本。当然，还有其他方法，这要看公司有哪些销售政策可以支持你。

如果客户先看价格，再看大小，就要先跟客户明确这个价格是否在他的预算范围内；之后，再推荐客户考虑为什么你的 A 级车值得购买。说服客户买 A 级车的方式也有很多。比如，你可以强调贷款购车还可以进一步降低购车成本。你也可以帮助客户分析用车环境和用车方式，看看买什么车更划算。当然，你还可以从二手车折旧方面帮助客户考虑用车成本。

通过对这个例子的梳理，你心中有了明确的方向，就可以和客户这样说："张先生，我要和您先确认一下，您是想要一辆足够大和气派的车呢？还是想要在预算范围内买车？哪个对您来讲更重要？"

无论客户说哪个，你都可以深入这个话题：

"您是家用还是商用呢？"

这是在挖掘用车环境，为卖 A 级车做铺垫。

"如果让您稍微增加一点预算，就能买到更好的车，您觉得可以考虑吗？"

这是在为卖 B 级车做铺垫。

通过这样的提问，你可以挖掘更深层次的信息。

这样的深度提问，其实在前面你已经见过了，就是层层剥离和扩散的过程。每个细节的出现都是深度提问在起作用；每个细节的延展都是广度提问在起作用。至于什么时候用深度提问，什么时候用广度提问，我已经通过举例告诉你了。接下来，你要反复试验、总结、实战、再总结，形成自己的沟通风格。

记住，你的提问要足够深入，才能挖掘客户心中最真实的需求。要想做到这一点，需要你有足够的耐心，并且能够通过不同的方式营造沟通氛围，从而让客户自然而然地将答案告诉你。

4.3.3 客观提问，无杂念

在前面的章节中已经说过客观的重要性。为什么还要在这里继续提到客观呢？前面说到的客观大多数是以信息接收者的角度讨论客观对正确地分析正确的信息有多么重要。在提问环节中，如果你能够保持客观，那么你提出的问题就比较容易获得真实的反馈。因此，这里我要和你讨论客观在提问过程中的重要性。

思考这样一个问题：什么情况下，销售人员容易变得主观呢？

答：当销售人员对成交充满期待，对客户的承诺充满期待时。

看看以下销售人员是如何将自己的主观想法融入提问当中，并将客户模棱两可的回答当作肯定回答的。

"张先生，您这周六有时间就来店里吧。"

这句话到底是在提问，是在邀请，还是在命令呢？这样的提问，本身就是模棱两可的。因为担心客户拒绝，所以使用商量的口吻与客户沟通。因提问本身不够明确，结果自然就不会好。但是，有些销售人员还误认为得到了客户的肯定回答。我们一会再看。继续看下一个：

"张先生，您这周日有时间来吧？"

这句话是明确的提问。但是，其中添加了条件，导致客户即便回答了，答案也非常模糊。这个条件是什么呢？就是"有时间"。当你问客户"有没有时间"的时候，就已经给客户 50% 的概率拒绝你了。只要客户说没时间，就可以拒绝你。我认为这种提问方式被拒绝的概率就是 100%。

"张先生，您考虑得怎么样了？这周能定下来吧？"

看，又是一个添加条件的："这周"。为什么一定要用时间来限定你的提问呢？

好了，冷静一下，请思考，如果你就是这样的销售人员，你这样提问，客户会给你什么答案呢？这样的提问，你想让客户怎样回答？上面的这些提问，有什么共性？它们都添加了什么条件？

我先回答添加了什么条件。这些提问都添加了同样的条件：希望。你给客户的提问充满了希望。因为你已假定客户同意了你的提议，你让客户很难给你一个否定的答案。所以，你经常听到的回答是：

"我看看吧。"

看，这就是第一个提问的答案。看看，看什么呢？看情况。看什么情况呢？反正不是看到店的情况。你用商量的口吻来问，客户也用商量的口吻去答。一个提问之后，你们之间已经没有继续沟通的机会了，而你还默认客户会来。其实，并不是客户会来，而是你相信他会来。所以，添加"希望"这个条件的提问，基本上不会得到直接的拒绝，却也很难获得真正的答案。

"如果有时间我就过去。"

因为你添加了条件，所以客户也添加了条件："如果有时间"。那么，客户大概率是没有时间的。而在你听来，就是答应你了，因为客户没有拒绝你。这种提问方式，只会使你安慰自己，让自己不去面对真实的问题。这就是你最大的问题。

"这周差不多。"

这同样是添加了条件的答案："差不多"。真实的情况是：客户很可能会因为任何一个原因拒绝你。

我相信，以上这些答案，在你看来都是没问题的。因为你不想听到客户的拒绝，你只想听到客户的同意。其实，你大可不必。如果客户想拒绝你，他们有成百上千种理由。

那么，你想不想知道他们拒绝你的理由呢？你想不想知道他们无法到店的理由呢？如果想，那你就在每次提出那些让你充满期待的答案之后，再多问一句话。

比如，你可以这样问：

"张先生，这周六您方便来店吗？还是其他时间呢？"

"王总，这周您来看车吗？您还有其他的考虑吗？"

如果客户正面回答你了，那你可以继续聊些轻松的话题，与客户愉快地告别。如果客户没有正面回答你，而是给出了否定的答案，你可以继续追问：

"您觉得还有哪些方面是您想了解的？"

"还有哪些是您不太满意的？没关系，您直接和我说。"

"您还有哪些顾虑？"

第一轮提问，你给了客户充分表达自己想法的空间，客户可以随时说出他们想说的话。这是很难得的过程。切记，不要想着用技巧去哄骗客户，而要客观地面对客户提出的问题，尽力去解决。

第二轮提问，你可以继续引导客户说出真实的需求。因为在第一轮提问中，你已经建立了开放的沟通平台，让客户可以与你畅所欲言。大多数情况下，如果你可以提出一些比较现实的问题，客户基本上都会对你坦诚相待。这是所有销售人员都希望看到的，如果通过一次提问和回答的过程就可以赢得客户，那你真的可以轻松成交了。

记住，客观不仅仅存在于接收信息中，也存在于表达和传递信息中。千万不要将自己的主观意愿强加到提问当中。否则，你将无法得到客观的、有价值的答案。

4.3.4　相关提问，引人答

请你想一下，你有没有遇到过以下情况：

· 对于你提出的问题，客户答非所问；

· 对于你提出的问题，客户默不作声；

· 对于你提出的问题，客户反唇相讥；

· 对于你提出的问题，客户顾左右而言他；

…………

再想一想，有没有遇到过以下情况：

· 对于客户提出的问题，你没有回答；

· 对于客户提出的问题，你懒得回答；

· 对于客户提出的问题，你不想回答；

· 对于客户提出的问题，你不感兴趣；

…………

不需要再问，可能你已经猜到我要说什么了。要知道，客户不回答你和你不回答客户，都是因为同一个问题：不相关。因为你们提出的问题都与对方无关，没有引起对方的兴趣，更没有引起对方的思考。

所以，从现在开始注意并思考：你所说的信息，无论是陈述的内容还是提出的问题，与客户相关吗？与客户的利益相关吗？与客户的兴趣相关吗？与客户的目标相关吗？

如果相关，意味着你真的在和客户交流。那么，怎么做才算是真正和客户交流呢？你只需要做一件事：顺着客户的话说下去，不要停。比如：

· 客户说想要舒适，你就要询问他对舒适的理解和定义。

· 客户说想要便捷，你就要问他对便捷的认知是什么。

· 客户说想要高效，你就要了解客户对高效评价的维度。

总之，不要打断客户的话，让他继续说下去。在客户传递信息的时候，你一定要对"修饰词"敏感。因为关注修饰词，可以帮助你找到客户的需求。

之后，你可以继续思考，你的客户最常用的修饰词有哪些，然后你要把这些修饰词写下来。之后，你要深入思考客户说出这个修饰词的前提是什么，然后将这些前提写下来，我会在后面的章节中继续分析这些前提的作用。

一般来说，人们只会关注和自己相关的事情。同样，如果你提出的问题和客户不相关，客户也不会理睬你。

相关性，保证了你与客户沟通时信息的一致性。如果你的提问没有相关性，想到哪里就问到哪里，这样，客户就会不知所措。比如，你正在和客户谈论产品的质量问题，突然你问了一个和服务相关的问题，客户就会被你弄晕。

记住，你所提出的问题一定是与客户相关的。最简单的方法，就是根据客户所说的话提问，尤其是修饰词。这样，你就一定不会跑偏，永远围绕与客户相关的需求点展开沟通。这样的沟通会让客户觉得你在关注他的需求，以他为中心。

以上就是沟通四维度的全部内容，你需要在不断练习和实际应用中熟练掌握。你练得越多，就越熟练；越熟练，使用的时候就越顺手。

4.4　三步练习，固本培元

现在，你已经学习了分析客户需求的方法：正确地分析正确的信息、正确地传递正确的策略、27 字箴言、沟通四维度。

但是，学习了并不代表你已经掌握了这些方法。我认为，很多技能都是需要习得的。什么是"习得"？"习得"就是通过不断的练习将学习的内容内化吸收，并自然而然地应用到生活、工作、学习等场景中的过程。

接下来，我要讲述一套方法，可以帮助你习得以上所学的内容。这套方法是我经过多次实践并在多年的咨询培训中不断优化和完善的。只要按照步骤练习，你一定可以掌握需求分析的技能。

这套方法分为三个步骤，你在开始之前还要做一个准备工作。希望你看完之后，认真练习。我可以保证：只要你按照我要求的强度持续练习 2 周以上，就能有效果；1 个月以后，就能习得；3 个月后，基本上就能固化。未来，你就能自然而然地应用。不过，要记住，3 个月之后，你每周至少还要保持 2 次练习；1 年后，每周练习 1 次。这样，才能保证你能真正掌握这个方法。你学会这样的方法后，就能掌握与人沟通的技巧了。

4.4.1 准备工作

我的这套方法操作起来很简单，但是练习起来十分辛苦。如果你不能坚持，那就跳过这部分不要看了。否则，你的拖沓和懒惰会使你放弃学习后面的内容，这是我不想看到的。如果你仍然想学习这部分内容，但是还没做好心理准备，那就在看完其他内容之后再来看这部分内容吧。

如果你在看完准备工作之后，觉得方法很简单，可以坚持，就请继续。如果你觉得很难，想要放弃，也没关系。因为你掌握了本书的其他内容之后，也可以大幅度提高成交概率。

首先，你要找到一份自己的销售录音，要是 30 分钟以上的近期的销售录音。一定要是一个真实的销售场景，可以是产品介绍，可以是需求分析，可以是议价签单，也可以是与客户闲聊。当然，如果有全套内容最好。

然后，将这份录音一字不差地写下来。

记住，录音长度不能少于 30 分钟。因为少于 30 分钟的录音所涉及的内容可能会不足。内容少的话，你的练习就不充分，练了也看不出效果。

我对你说的所有内容，都不是在教你如何取巧。我想告诉你的是：销售工作是要下功夫的，需要多多思考，多多练习。如果你想偷懒，客户会告诉你："对不起，因为你偷懒了，所以我要到其他销售人员那里去买。"到那时，你损失的就是真金白银了。

为什么要让你将所有的对话内容一字不落地写下来呢？因为如果只是听录音，你是无法听出自己的表达和对信息的理解之间的偏差的，大多数时候这种偏差是由你的思维方式造成的。只有将文字落到纸面上，你才能将自己的思维方式暴露出来。因为你眼睛摄入的信息到大脑之后，会与大脑中耳朵收到的信息相印证，这样就容易将差异暴露出来。这也是我这套方法的价值所在：找到差异，弥补差异。

一旦你完成了准备工作，就可以开始第一个步骤了。

4.4.2 第一步，看自己说的话

一边看着自己所说的每句话，一边思考：

- 这句话表达的核心思想是什么？
- 我当时想表达的内容是什么？
- 我说出的信息和我心里想表达的信息有什么差别？
- 无论有没有差别，都要看看意思表达完整了没有？
- 如果有差别，就要思考到底是什么原因让我听到的和看到的信息有差别。

这个环节要解决你表达方式的主观性问题。

如果你表达信息的时候能够尽量客观，那么信息的准确性就会高一些。这样，相对来说，你的沟通质量会比别人高一些，沟通效率自然也高。那么，你如何避免自己的本意与表达有偏差呢？

有且只有一种方法，就是表达的时候要尽量客观，即便有些客户很急躁，你也要尽可能地把该说的话说清楚。

如果你没有说出自己想说的话，或者说的内容不够完整，或者内容有偏差，你就要做下面的练习：

- 对于表达内容有偏差的句子，你要将没说清楚的话变成你认为能说清楚的话，将文字一字不落地写下来；自己读几遍，读完之后，如果还是觉得不清楚，那就再修正，直到你认为能够表达清楚了；将这句表达清楚的话，大声念，念到可以脱口而出的状态；之后，将这句话记录下来，留待以后使用。
- 对于表达不完整或者没说出自己想说的句子，你要把所说的话补充完整，练习方式和上面的一样。

这个过程确实非常辛苦，因为这是在改变你的表达习惯。突破了这个关卡，你就已经成功了一半。注意，这个环节只有在短期内大量练习才会有效，长期且小量的练习是无效的。因为你已经形成的习惯，犹如山顶滚下的一块大石头，如果不能用短期大量的练习去冲击它，并将它推回山顶，再沿着你希望的路径滚下去，你那小小的努力就会被无情地吞噬。

怎样的练习才算是大量的呢？每天练习 3 小时，包括：听写对话内容，看自己说过的每句话，将你写下的内容变成准确完整的口头表达，不断大声读出来，熟练到脱口而出。这种方式是改变习惯的最好方式。当然，如果你能找到别人帮你一起分析，比如你的经理或者有经验的同事，那么你提升的速度会更快。

注意，在这个练习过程中，有修改表达方式和大声朗读两个关键环节。其中，你要以大声朗读为重点。因为大声朗读才是改变习惯最重要的方法，它是在帮你形成口腔记忆。有了口腔记忆，你基本上就形成了这种表达习惯，也就容易说清楚自己想要表达的内容了。

4.4.3 第二步，听客户说的话

有了第一步做基础，接下来，还是听那段录音，继续练习，听客户说了什么。看着客户所说的每句话，边看边思考：

- 我当时听到了什么？
- 看到纸上写了什么？
- 客户说的话，我是否都听到了？
- 如果听到了，我当时是否立即做出了反应？
- 如果没听到，是什么原因？
- 是在思考别的事情，还是被其他的事情吸引了？
- 我思考或被吸引的事情是什么？为什么我会在这个时候思考或被吸引？

做这一步的目的是什么呢？是练习自己的倾听能力。

当客户说话的时候，有些"正确的信息"已经表达了，是可以为你所用的。但是，你当时听到了吗？听到之后你利用了吗？如果没有，就证明你在接收信息的过程中变得主观了。为什么这么说呢？因为你没有注意到客户所说的内容，而在想自己的事情。比如，你在想那些你关心的问题，而不是根据正确的信息提出可以深入挖掘客户需求的问题。

如果你没有听到或者忽视了客户那个时候说了什么，或者你没有利用好自己听到的信息。你要做以下练习：

- 思考当时为什么忽略了客户传递的信息或者没有利用好这些信息，你当时在想什么，客户说完之后你做了什么。
- 下次再遇到这样的情况，你将如何调整自己的提问方式和提问内容，从而深入挖掘客户的需求？

- 哪些信息是修饰词？它们背后的寓意是什么？

- 你应该确认哪些信息？针对这些信息，你能想出哪些成交策略、方法和技巧？

- 分析客户所表达的内容（正确的信息），并将你分析的结果作为后续跟进客户的依据，以便再次邀约。注意：这个练习主要针对你与该客户的后续沟通，不能将沟通内容用于其他客户。因为每个客户的需求是不同的，不能一以贯之。

将上面的几个练习做完之后，你要将思考后的内容总结成几句话，并思考之后如何才能让自己在与客户沟通的过程中保持客观。

目前你对自己的思考过程可能是无意识的，所以你发现不了问题。不过，用以上的方法练习一段时间，你就能发现问题了，因为这套方法激发了你的元认知。

元认知能使你认识到自己的思考过程和由此产生的言行。这是一种神奇的能力。当你具备这种能力的时候，你就能够认识到自己的思考过程与言行之间的关系。如果你能利用元认知审视自己接收信息、理解信息、分析信息的过程，就可以真正做到正确地分析正确的信息，从而制定正确的成交策略，促进成交。

根据这个描述，你还可以再深入思考一件至关重要的事情：你说服客户改变自己原有观点的过程，就是在调动客户的元认知。你通过与之交流，让他意识到自己的思维方式和思考过程是错误的，进而接受你的建议。

如果你还能够通过元认知解读你和客户之间的沟通过程，那将是个什么样的景象？那你简直就是站在"上帝视角"看问题啊。

那么，该如何提升自己的元认知呢？很简单！你只要思考这样一件事就可以了：当你生气的时候，你是感到很生气，还是意识到你很生气？如果你感到很生气，这是你的情绪状态，因为某件事让你非常生气，这就是简单的因果关系。如果你意识到自己很生气，这就相当于旁边站着一个人，看着你的一举一动、一言一行。他知道你生气，他也知道你因为什么生气。不过，他和你的最大差别是，他会思考：为什么别人不生气，而我很生气；或者，别人只是不开心，而我却很愤怒。他会让你思考这是为什么。之后，你就会意识到自己生气的真正原因：一定不是这件事本身让你生气，而是这件事触动了你心中的某个情绪按钮。这个按钮才是让你生气的关键。

你可能会想这样事后诸葛亮的分析方法有什么价值。它的价值就在于可以提升你的元认知，而这个练习就是为了提升你的元认知能力。你通过这样的练习，就能够用"上帝视角"去看待你和客户之间的沟通过程，就能看到自己的心思和想法。

好了，你已经完成了第二步的练习，马上就要进入第三步。

4.4.4　第三步，理解双方的话

看对话内容，主要看你和客户之间是否出现了理解上的偏差。你可以边看边思考：

- 客户是否回答了我提出的问题，或者客户给我想要的答案了吗？
- 客户说了哪些内容，这些内容我是否听进去了，是否利用好了？
- 我是怎么回答客户的？我当时的思考过程是怎样的？
- 客户提出的问题我回答了吗？回答之后我是否提出了有效激发客户的元认知或深挖客户需求的问题？

你可能在想，前面已经看了自己的表达和提问内容，又看了客户的表达和提问内容。为什么还要有这个步骤，这不是重复了吗？是的，正是如此。第三步就是前两步的集合。

第三步的第一个环节，先看客户是否回答了你的问题，再看看你的提问是否清晰、准确、必要，你是否能够从客户那里得到你想要的答案。

第二个环节，看你是否听到并利用了客户回答的内容，看看你是否能够针对客户的需求及时做出反应，即客观地接收信息，调动自己的元认知，正确地分析正确的信息，从而制定成交策略。

第三个环节，看你们在交流过程中是否出现了理解上的偏差。如果客户没有给出你想要的答案，证明你的表述不够清晰、准确、必要。如果你没能给出客户想要的答案，意味着你的主观思维占据了上风，无法客观分析客户的需求。

所以，如果你第一个环节的答案是否定的，那就按照步骤一去练习；如

果你第二个环节的答案是否定的，就按照步骤二去练习；如果你第三个环节的答案也是否定的，就将步骤一和步骤二合起来练习。

最后，我要告诉你，如果你想快速提升你的沟通能力，其实三周时间是可以做到的。不过，你需要这样做：每天至少练习一个 30 分钟的录音，按照准备工作＋三个步骤的练习，一定要一口气全部完成。相信我，坚持三周，一定会有成效。

如果你觉得辛苦，那么可以两天练习一个 30 分钟的录音。我认为至少应是这样的频次，否则就没有效果了。因为要想快速替换旧的思维方式和思考习惯，必须增加练习的强度，否则没有任何意义。

以上三个步骤可以提升你在销售过程中的沟通能力。它的操作方法很简单，步骤也很简单，只要认真练习就行。难就难在需要短时间高频次的练习，以改变长期积累的思维方式和思考习惯。

再简单总结一下。第一步是练习客观表达：说清楚、说完整；第二步是练习客观接收信息：接收和应用正确的信息；第三步是练习客观交流：在说清楚、说完整的基础上，接收和应用客户正确的信息。

其实，要想保持客观很简单，就是一句话：你要以他人的需求为中心。

4.4.5　从修饰词中分析客户的观点

这个练习，可以和前面的三步练习同步开展，也可以单独做。不过无论如何，三步练习法一定要保证至少 2 天有 5 小时以上的练习量。下面，我就说说这个额外的练习。

你还可以拿前面提到的 30 分钟的录音内容做练习。如果你要用同一个录音去练习，记住，一定要先做这个练习，再做三步练习。否则三步练习做完后，再来做这个，就没有用了。

第一步，拿着录音，你要边听边记录音中提到过的所有的形容词和副词。注意：副词后面要带着动词或形容词，形容词后面要带着名词或代词。这样，可以让你知道这些词修饰的是什么。30 分钟的时间，你要记下这两类词及其修饰的内容。30 分钟结束后，边看这些形容词和副词以及它们后面的词语，边思考：

- 这些形容词和副词修饰的内容是什么？
- 它们的修饰或限定给这个内容起到了什么样的作用或影响？
- 这些形容词和副词背后的标准是什么？
- 这些形容词和副词代表了客户怎样的观点？
- 对于这些标准和观点，我是如何应对的？

之后，记录你心中所有的答案。

修饰词全部写完之后，再做一遍听写。你需要听的是动词，同时思考：

- 我为什么要关注这些动词？
- 这些动词都涉及哪些方面？
- 有什么已知或未知的条件限制了我思考的方向？

你可以自己决定要听写哪些词汇。不过，我建议你还是先从形容词和副词开始，之后是动词，然后是名词，尤其是特定称谓的名词。这些词汇可以帮助你快速了解客户的需求。记住，只要是带有修饰作用的词汇，就是在评价，就是在表达观点。

第二步，删掉听写过程中那些非必要的信息。如果你能将必要信息以外的其他信息都删掉，那么你对客户信息的正确理解就更近了一步。当你能够在听的过程中就可以抓住正确的信息而不被其他因素影响，你的倾听能力就会上一个大台阶。

第三步，思考，不是偶尔去思考，而是一直思考。你要静下心来思考这样几个问题：

- 为什么我没有注意到客户说的这几句话？
- 我当时在想什么，或者被什么事情吸引了？
- 为什么我没有理解客户说的这句话？
- 我应该怎么做？我实际是怎么做的？为什么会有这样的偏差？
- 为什么客户没有直接回答我的问题？
- 我想得到的答案和我实际得到的答案一样吗？
- 它们的偏差在哪里？为什么会有这样的偏差？
- 为什么我会抢客户的话，为什么我与这个客户沟通起来非常吃力？
- 我在沟通方面，还有哪些需要注意的？

•我该如何利用已经学到的内容解决这些问题?

…………

你不断思考，就会不断发现新的答案，再用新的答案替换你旧的思维方式、思考习惯和行为模式。这样，你就能够快速提升沟通能力，自然也就能轻松赢得更多的订单。

第 5 章

用成交漏斗助推成交

现在，你已经掌握 27 字箴言和沟通四维度了。那么，该如何应用这些技巧提升销售能力呢？接下来，我要用你和客户首次面对面接触时的销售过程讲解一下提问技巧的应用范围和方法。这其中会涉及提问技巧的另一个维度——目的。前面分享的销售技巧是如何问，问什么；而涉及目的的提问技巧，则是将前面学习的内容融会贯通到整个销售过程中。这样，你就知道在什么时候问，问什么问题，怎么问，可以得到什么答案，从而帮助你准确获取客户的需求，一步步推进销售进程，直至成交。

5.1 成交漏斗

图 5-1 所示是一个成交漏斗，它是由三个漏斗组成的一个鱼形漏斗。其中，第一个漏斗和第三个漏斗是常见的漏斗形状，第二个漏斗是倒置的漏斗形状。我为什么称之为"成交漏斗"呢？

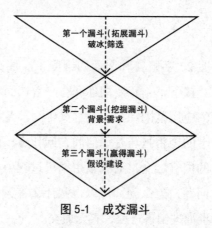

图 5-1　成交漏斗

成交漏斗是我从行商坐贾的销售方式中获得的。传统的零售行业很多都是坐商，在古代称为"贾"，是一种坐迎八方客的销售方式：进店的客户目的性很强，有明确的需求，销售人员通过简单的询问就能获得很多需求信息，从而进入报价议价环节，直至成交。

但是，我认为真正赚钱的销售方式是走街串巷，南货北售，做八方生意：通过与客户的深入交流，获得客户的需求信息，然后聚焦解决方案，再进入报价议价环节，直至成交。

但是，在现今的市场竞争环境中，销售人员需要具备发现商机的能力。所以，需要将第一个漏斗作为突破口：通过第一个漏斗，销售人员与任何一个正在接触的陌生人破冰并建立初步的信任，同时判定对方是否可以成为潜在客户；通过第二个漏斗，与客户充分交流，全面挖掘客户需求；通过第三个漏斗，提供解决方案，赢得客户，实现成交。

我称第一个漏斗为"拓展漏斗"。在日常工作中，作为销售人员你经常会在某些场合和一些陌生人相遇。具备一定商业敏感度的你会通过精准的提问确定对方是不是潜在客户。所以，在第一个漏斗中，你需要具备两种提问技能：一种是通过提问破冰的技能，另一种是通过提问筛选潜在客户的技能。

我称第二个漏斗为"挖掘漏斗"。当你筛选出潜在客户后，就需要充分了解客户的背景（现状）和需求。你可以通过简短有效的提问（利用提问的广度），了解客户目前的情况。在了解客户的背景后，你需要明确客户的潜在或已经存在的需求。这个时候，你就需要通过需求型提问全面挖掘客户的需求。这是能够引导客户选择你的关键，因为你即将带领客户进入成交阶段。

我称第三个漏斗为"赢得漏斗"。当你了解客户的全面需求后，就需要通过假设性提问强调这些需求的重要性，同时通过建设性提问向客户提供有效的解决方案。这样，客户在充分了解自己的需求后，将会更加关注这些需求，同时还会更加关注如何满足这些需求。

成交漏斗的价值在于每个漏斗都有单独的功效，既可以整合起来使用，也可以根据不同的场景单独使用。而且，这三个漏斗也正好符合发现需求、选择产品和采取行动这三个消费步骤，让你更容易与客户建立沟通的场景，也更容易赢得客户，实现成交。

接下来，我会详细解读成交漏斗中每个漏斗的功效和方法。

5.2　拓展漏斗——快速建交，筛选客户

在拓展漏斗阶段，你面对的人很可能都是初次相见。所以，你的第一个工作就是与对方建立关系，需要简短的两步：（1）自我介绍；（2）提出问题。

为什么要先自我介绍呢？因为是你想与别人建立关系，所以你先要将自己敞开。只有将自己敞开的人，才容易得到别人的反馈。如果在没有介绍自己的前提下就询问对方的情况，一方面显得很无礼，另一方面也无法引起别人的重视。

5.2.1 破冰型提问，建立关系

这里的自我介绍，只要根据现场的环境真实地介绍自己就可以了。之后，你需要破冰型提问。它可以让你了解对方更多的信息，而且不会显得尴尬。

你可以先给出一些信息，让对方能够初步了解你。之后，逐步将自己的信息介绍完整。比如，一开始你可以这样说：

"您好，我叫×××，是一名咨询顾问。"

不过，有时候这样的自我介绍显得语气太平淡，对于破冰没有什么实际价值。而且，这样的介绍也没有什么可聚焦的逻辑线。所以，你需要聚焦一些与你们都相关的信息。作为陌生人，你们唯一的共性，可能就是当下的场景。你们为什么来这里，来做什么，看到了什么，听到了什么，想到了什么，得到了什么。这些都可以拿来破冰。而且，这些内容一定与你的工作或生活相关，也和对方的工作或生活相关。所以，你们很容易找到共同语言。所以，在做自我介绍的时候，一定要加入与当下场景相关的信息，让对方进入交流的场域。这样，你们才能有深入交流的机会。

另外，自我介绍时，不需要使用非常专业的术语。介绍完自己，用一个简单的提问开启话题，让对方回答。这里有个小技巧，你一定要记住：人们会习惯性地将内容补充完整。当你完成自我介绍并向对方提问的时候，可以采用这样的技巧，让对方按照你所提供的信息框架完成自我介绍。比如：

"您好，我叫×××，这次参展是想了解一下市场情况。您呢？"

在这个提问中，你已经介绍了自己参展的目的；当你问到对方时，对方会自然而然地补充他来这里的目的。你们可能都是来了解某个市场情况的，这样就很容易就着双方的目的展开话题进行交流。

你可能会想：如果对方没有按照这样的框架回答问题，怎么办呢？这里有两点需要注意：

（1）自我介绍的框架要简短、易记，这样才容易让对方记住，也方便对方回答。切记，信息越少越好，这样更容易让人记住。比如：

"您好，我叫×××，是一名咨询顾问。您呢？"

这样的描述足够简单。听后，客户会自然而然地说出他的工作。这样你

们就可以继续交流其他方面的话题了。如果客户的工作领域你比较熟悉，接下来，你就可以用相关性的提问去了解他的具体工作。如果客户的工作领域你不了解，你就可以用"比如说"去提问，以便了解他的工作是怎样开展的。只要灵活运用，就能把这几个最简单的提问利器用得恰到好处，得到你想要的答案。

（2）如果对方没有按照你的框架回答，可以继续追问。比如：

"怎么称呼您？"或"交换一下名片吧？"

如果你认为对方没有什么意愿和你沟通，你可以尝试聊一些别的话题，问问对方对共同参与的这场活动有什么看法。如果对方没有回答自己来这里的目的，你可以问：

"刚才那个投资顾问分析得不错，您怎么看？"

通过这样的提问，客户会跟你分享一些他的看法。如果他能分享一些他的感受就更好了。这样，你就可以与对方建立一些情感方面的联结了。如果这些联结能让你了解客户的一些生活或工作场景，那么你完全可以继续聊下去。

5.2.2　筛选型提问，过滤客户

破冰型提问是打开了第一个漏斗的突破口，要想让对方继续说下去，就需要筛选型提问了。筛选型提问的作用是确认对方是不是你的潜在客户。如果确认对方不是你的潜在客户，你就随便聊聊天。但如果确认对方是你的潜在客户，你就需要进入第二个漏斗了。所以，在筛选型提问的过程中，你的任务就是不动声色地观察对方是否有潜在需求或者明确的需求。

你可以在破冰型提问之后继续展开话题。假如你是一名汽车销售顾问，在前面自我介绍的时候也提及了自己的职业。你可以这么说：

"我做汽车销售服务很多年了，了解很多品牌和车型。如果您以后在这方面有什么需要，可以随时找我，我可以给您一些建议。"

这句话非常巧妙的地方在于你既没有咄咄逼人地推销自己，又留下了帮助对方的机会。如果对方现在正好有这方面的需要，他一定愿意和你多聊两句。这个时候，你可能就需要进入下一个漏斗去沟通了。如果对方只是想敷衍你两句，你可能需要再通过几个筛选型提问去过滤一下，就能判定对方需求的真实性了。

你还可以用下面的话去交流，同样可以筛选出潜在客户：

"我从事的是零售咨询服务，专门帮助门店提升业绩。如果您有兴趣，我们可以约个时间聊聊，看看咱们店可以提升的地方在哪里。怎么样？"

通过这样一句话，你并没有给对方很大的压力。如果对方有这方面的需求，一定会主动跟你交流。对方可能碍于周围环境不会过多谈论，但或多或少都会向你提出一些问题。这个时候，你就应该意识到这个人是有潜在需求的。那么，你就可以和对方预约下次见面的时间，并告诉他下次见面你可以给他带来什么价值。比如：

"这周六或周日您哪天方便？我可以给您介绍一下或者带您去看一下目前符合您的几款车型。"

注意，这里我没有提出约会地点，而是先确认是否可以将约会定下来。这是一个非常重要的细节。约会确定下来需要四个要素：时间、地点、人物、事件。其中，事件是最重要的。因为，事件是邀约的理由，只有先把事件确认了，才有邀约的可能。

除了邀约理由，时间是其他三个要素中最重要的。然而，有的销售人员的邀约是这样的：

"您什么时候有空，我们可以约一下，我可以给您一些某某方面的建议。"

这种邀约是完全没有意义的。如果对方真的是你的潜在客户，那你为什么不直接约对方见面呢？你完全可以这么说：

"您周六还是周日方便？我可以帮您分析一下目前的经营情况，再给您梳理一下今后的发展方向。"

只有明确了时间，才能明确接下来要做的事情。如果连时间都没确定，接下来说什么都没有意义。

明确时间之后，就可以确认一下人物了。因为人物将会决定约会的地点。因为是邀约，基本上人物就是你们两个，如果需要其他人员到场，你可以再次确认。比如：

"您看，是只有我们两个，还是叫上您的合伙人／同事／领导呢？"

如果有其他人员参与，你可以顺带问下一个问题：

"他比较关注哪些方面？"

这样，你就可以了解其他人员的情况，以便你有所准备。

有了时间、人物和事件，最后一个就是地点。为什么要将地点放在最后呢？因为只有前面三个内容确定了，才能确定地点。有些事情只能到特定的地点才能做。人多和人少约见的地点也会有所不同。另外，因约会时间不同，选择的场所也会有很大差别。所以，地点一般都是最后敲定的。一旦邀约成功，就意味着你和对方将进入第二个漏斗。

如果现场就能和对方进入第二个漏斗，那就更好了。毕竟，现场的即时交流会比稍后的约会更加自然，销售痕迹也不明显。只有在现场条件不允许的情况下，邀约才是一个不错的选择。

5.3　挖掘漏斗——了解背景，挖掘需求

通过第一个漏斗的破冰和筛选，现在销售进程已经进入到第二个漏斗中。同时，也到了客户从认识需求到寻找解决方案的阶段。挖掘漏斗是非常重要的承上启下的环节。只有在挖掘漏斗充分挖掘客户的需求，才能为后续的漏斗做好铺垫。匆忙地进入赢得漏斗，很多时候都会面临客户议价的挑战。所以，稳扎稳打、准确无误地过度才是正确的选择。

5.3.1　背景型提问，明确方向

现在，你面前的人就是你的潜在客户。你需要在从拓展漏斗中了解到的信息的基础上，通过简单、有效的沟通，与客户建立初步信任。这时，就需要通过背景型提问获取更多与客户相关的背景信息。

在进行背景型提问的时候，你需要注意：

（1）你的提问不能太复杂，必须让客户能听懂，容易回答。

（2）你的提问不能太多，必须适可而止，不要让客户感觉像在被审讯。

（3）你的提问一定要让客户认为你很专业，最起码在你服务的领域是专

业的。

（4）你的提问一定要能够准确获取客户在你销售或服务领域中的一些背景信息。

是的，这就是广度提问的形式。背景型提问就是广度提问的最佳诠释。

比如，汽车销售人员在接待客户的时候经常会问这样几个问题：

"先生，您好！您是要买车还是要维修保养？"客户回答："买车！"

"您要看哪款车型？"客户回答："××款车型。"

"您以前看过这款车吗？"客户回答："没看过。"

"您是在哪里了解到这款车呢？"客户回答："在网上。"

"您大概什么时候用车？"客户回答："月底吧。"

…………

基本上，通过这样简短的几句对话，你就能把握住客户对车辆的了解程度和需求方向。至于对方还有哪些需求，就需要你通过需求型提问不断挖掘了。

5.3.2 需求型提问，定位需求

需求型提问，是你能否有效进入第三个漏斗的关键。只有全面了解客户的需求，你才能提供有效的方案，客户才会被吸引，从而成交。因此，在短暂的背景型提问结束后，可以适当增加问题的深度与广度，也就是扩大挖掘漏斗的下端开口。挖掘漏斗的下端开口越大，赢得漏斗的上端开口就越大，自然成交机会也就越多。

接着上面的例子，你可以继续提问：

"您购车，主要是什么用途呢？"

这是一个典型的广度提问，但是问题相对比较聚焦，一般来讲答案无非这几种：代步、家用、商用、商自两用、自驾、改装等。虽然答案范围可控，但是相对于前面的提问来讲，回答的灵活度和范围已经扩大了不少。

接下来，你可以继续提问：

"您看中了这款车的哪些方面呢？"

这个问题又是一个典型的"为什么"的变形。答案的范围比上一个问题

更加广。但是，因为你前面的背景型提问和刚才的需求型提问已经框定了一个范围：客户网上看的车，月底用车，用来做什么。那么，客户回答的时候，也很容易在这个范围内快速寻找答案。当然，这个答案未必就是最终的，你还可以通过提问逐步深入挖掘。

所以，背景型提问和需求型提问都是前面 27 字箴言和沟通四维度的灵活运用。在这个环节，你唯一需要做的事情，就是不断磨炼自己提出有效问题的能力。这样，你才能在任何场合下都能游刃有余地与客户对话，挖掘客户的需求。

记住，在没有与客户建立关系前，或者没有赢得客户的初步信任前，尽量不要提出与对方隐私有关的问题，比如，预算、需求、职业、家庭等。一定要在通过简单的沟通了解客户对产品的了解或应用的前提之下，再逐步过渡到客户对产品的需求情况。有了前面背景型提问做铺垫，客户对你的专业度有了一定的了解和信任，这时你再通过需求型提问挖掘客户的需求，才是恰当的做法。

记住，提问要有逻辑、有顺序、有目的、有结果。

5.4　赢得漏斗——做好铺垫，促进成交

从挖掘漏斗进入赢得漏斗，你将开始新的旅程。在前面你已经通过挖掘漏斗充分了解了客户的需求，接下来，你要不断聚焦这些需求，并提供满足这些需求的方案，从而实现成交。

很多时候，销售人员和潜在客户的沟通，并不是在成交的这条主轴上，而是东一下，西一下，虽然聊得很开心，但对成交没有意义。你要时刻记住，你的目标是成交。如果在挖掘漏斗中挖掘的信息太多，你将面临大量的筛选工作；反之，如果挖掘的信息太少，你的成交工作开展就会比较困难。

5.4.1　假设性提问，铺垫条件

想要测试这些需求对客户的影响程度，你只需提出假设即可。

比如，你可以询问客户：

- "您认为汽车舒适性的重要程度可以打几分？"答："8分。"
- "为什么您认为舒适性会达到 8 分呢？"
- "为什么呢？"
- "是什么原因呢？"

你可以看到，除第一个问题外，其他几个完全是"为什么"的应用。虽然，后面的 4 个问题问的都是同一件事情，但是它们的范围不一样。同时，对方听到后也有不同的感受。

第一个提问是常用的方法，但相比第二个提问语气生硬了一些。

第二个提问相对来讲会让客户听起来舒服些，但是前两个提问给人的感觉都是书面语言。

第三个提问是比较口语化的，而且是能够理解且容易回答的。

第四个提问同第三个提问一样，比较口语化，有时若想连续提问"为什么"，要尝试使用不同的提问形式和内容，来获得自己想要的答案。

5.4.2 建设性提问，突破瓶颈

当你通过假设性提问了解到，如果问题无法解决或需求无法满足会带给客户哪些损失或影响时，你就可以拿出你的解决方案了。不过，先要等一等。等什么呢？等到你确认客户真的需要你的解决方案。记住：在提供方案之前，你要再次确认客户的需求，以及他是否真的需要解决这些问题。

为什么要等一等呢？原因如下：

首先，有些潜在客户给出的答案并不是他真实的需求。针对这样的客户群体，你就需要去验证，验证后，继续挖掘客户的真实需求。比如，你可以用这样的方法：

客户："我现在预算花光了。"

销售人员："哦，那您的预算一般是怎么制定的呢？"

通过不断确认相关信息，你会逐步找到客户的需求。如果客户拒绝回答你的问题，那就意味着他不是你的潜在客户。如果客户能够回答你的问题，你就可以顺着这个方向继续沟通下去，提出满足客户需求的方案，赢得成交。

其次，有些潜在客户明明知道自己有这方面的问题，也非常清楚这个问题如果不解决会带来什么样的后果，但是他特别害怕改变，他认为这些改变会让他连现在的生活都无法持续下去。这就更需要你帮助客户去了解他的需求了，看他是否真心愿意改变。换句话说，就是他是否真心需要你提供的产品。

最后，你要考虑客户现在是否有时间或有没有准备好接受你的解决方案。所以，你需要通过提问来获取一个开放的空间，以便展示你的产品。因此，你需要的是建设性提问，比如：

"张先生，来我们店购车的客户中有 70% 的人没有购买当初他想要买的车型。您想知道是为什么吗？"

如果客户想要购买某款车，听到你这么一说，一定想了解一下为什么。这个时候，你就创造了一个沟通机会。同时，你也可以从客户的回答中了解他是否真的需要你提供解决方案。

第三篇
关系

　　客户愿意从你这里复购的原因，一方面是你的品牌或产品足够优秀，无可替代；另一方面是你作为销售人员给客户带来了价值。

　　接下来，我就要揭示你与客户的关系的底层逻辑，帮助你了解是什么原因让客户随时离你而去，又是什么原因让客户对你不离不弃。我会为你提供一个关系阶梯，我称之为"信"的层级。下面，就让我们一起来了解"信"的层级以及突破"信"的层级的方法吧。

第6章

"信"的七个层级

"信",是什么呢?"信"的本义为言语真实,引申为诚实、不欺,又引申为信用,即能履行诺言而令对方不疑,由此引申为确实、可靠。

从这些释义中可以得出一个结论,"信"实际上是人际关系的一种状态。当你被贴上"信"的标签时,你在人际关系中就拥有了话语权。话语权是一种潜在的现实权力,话语权不来源于天赋,也不来源于别人的恩赐,是靠自己赢得的。为了拥有话语权,你必须具备三个条件:第一,你要有足够的实力证明自己能说到做到,是一个可信的人;第二,你要有一群支持你的人,他们或许是你的亲友、客户、同事、领导,他们是见证你的可信的人;第三,你要有机会证明自己的可信。这就需要一个平台,这个平台既可以帮你宣传你的可信,也可以让你展示你的可信。"杨骁"公众号就是展示我的话语权的平台,关注我的粉丝就是支持我的人,而我定期或不定期地发布我的观点和经验,就是在证明我是一个可信的人。

6.1 客户的消费体验

"现在的客户很挑剔。"

"都不知道为什么，客户就去投诉了。现在的客户怎么会这样？"

"现在的客户，动不动就投诉。"

…………

最近听到一些这样的话，可以说，我的感受是五味杂陈。为什么这么说呢？从客户的角度来看，这证明客户有了维权的意识，这是市场化的表现，是好事。从行业发展的角度来看，客户投诉是推动行业进步的动力，是天大的喜事。从销售人员的角度来看，面对需求多样、想法多变、苛刻的客户，真的难以招架，是坏事。从管理人员的角度来看，既要安抚销售人员的情绪，又要解决客户的投诉问题，是难事。

不过，到底什么样的服务才是好的？每个人可能都无法给出一个客观的答案。因为消费体验本身就是非常主观的。有些人一辈子没住过酒店，突然有一天你让他住五星级酒店，遇到行李员主动帮忙拿行李，你说他会感觉如何呢？防备心理重的人，会怀疑行李员的动机不纯，就会有不好的服务体验；对外界充满善意的人，会觉得行李员这么做自己受宠若惊，体验就超好。

不过，在我看来，消费体验的评价其实很简单。客户在消费之后感到满足和开心，就是最好的体验。那时，洋溢在他们脸上的一定是微笑。

客户的消费体验，是基于客户心理预期和真实体验之后做出的评价。这个评价的好坏，决定了客户与你之间的关系，也决定了客户是否信你所说的话。如果你想让客户与你之间的关系牢不可破，并且让客户相信你，你就要思考你到底要给客户带来什么样的消费体验。我认为，客户与你之间在"信"的哪个层级上，决定了客户与你之间的关系。接下来，就让我们一起来看看"信"的层级。

6.2 解析"信"的七个层级

客户对你的"信"到底有多少个层级呢？从你与客户的第一次接触开始算起，一共有七个层级，如图 6-1 所示，分别是：信息、信心、信任、信赖、信用、信誉、信仰。每个层级都代表着客户的不同需求，也代表着你与客户的关系。这个"信"的层级呈倒三角形，即：在信息层级，客户数量是最多的，越往下，客户数量越少，到了信仰层级，客户数量就是最少的。下面我分别介绍一下这七个层级。

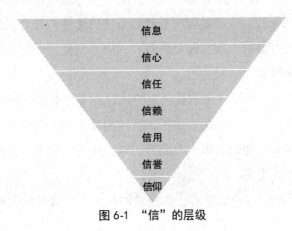

信息

信心

信任

信赖

信用

信誉

信仰

图 6-1 "信"的层级

6.2.1 信息——宣传价值

信息，就是你要传递给客户的内容。

第一次接触客户的时候，你想让客户知道什么呢？之后的每一次接触，你又想让客户知道什么呢？说白了，就是你想让客户记住什么。在销售过程中，很多销售人员传递给客户的信息是模糊的、不明确的、没有吸引力的。要么，自吹自擂让客户产生抵触情绪；要么，平淡无奇无法引起客户的兴趣；要么，传递很多信息却不聚焦，让客户不知道你要干什么；要么，做了太多逼单动作，让客户感到压力巨大，想要躲开。

如果不想让客户感到不满和厌烦，你就要思考客户到底想要什么，你又能提供什么，最重要的是你想让客户记住什么。你想让客户记住的信息，就是你能满足客户某方面需求的信息。如果你的信息足够充分，足够有吸引力，足够打动客户，那么客户自然就会来找你。

所以，对于信息，你要做的就是让客户看到信息后，能够主动寻求你的帮助。

6.2.2 信心——增加勇气

信心，是事情未发生之时人内心的状态。在这个层级，因为没有确凿的证据可以相信你，这时客户对你的信心属于无根之信。有时候，客户就是凭着一股血勇之气相信你；而血勇之气，又是基于一些假设而来的。这些假设很可能是客户想象的，或者是客户不自觉添加的条件。总之，这种"信"很不稳定。客户很容易前一刻对你充满信心，后一刻就完全丧失了信心。这对你来说是巨大的挑战。

客户在信心这个层级做出购买决定的风险也是巨大的，所以他们经常摇摆不定。即便客户这一刻下决心购买，下一刻放弃购买的可能性也很大。因为客户在做出购买决定时心里没有底，所以有任何风吹草动，他们都会采取避害行为——停止购买。

所以，为了增加客户的信心，你要做的就是，让客户的无根之信变为有根之信。

6.2.3 信任——心里有底

信任，是交互作用产生的结果。也就是说，信任是通过共同经历、交往、交流产生的心理感应和言行表现，逐步形成的。有了过往的经历作为佐证，客户会有一定的心理预期，对决策之后的风险与收益能够有预先的判断。

如果你信任某个人，就证明他过往的言行证实了他的可信。所以，在信任层级，客户做出购买决定会更快，也更容易。而且，在购买之后反悔的概率会大幅降低，满意度也相对较高。

所以，对于信任这个层级来说，你要做的就是让客户的"信"更加牢固。

6.2.4 信赖——强化关系

信赖,是在信任的基础上建立起来的带有情感的依赖。

如果说信任是一种理性的评价,那么信赖就是一种感性的评价。在信赖这一层级,客户开始与你产生情感联结。如果你能在情感方面与客户产生互动,这将给你带来巨大的财富。

如果你信赖某个人,就证明你与他之间有了情感联结。如果客户信赖你,他就会把自己的情感与你的利益捆绑在一起。所以,这时客户更愿意将订单交给你。

所以,对于信赖这个层级来说,你要做的就是让客户愿意与你说私事,建立你们之间的小秘密。

6.2.5 信用——涨我额度

信用是一种可以货币化和量化的债务。举个例子,你买房需要贷款,那么你要还的贷款,就是一种债务;贷款的货币,就是把你的信用货币化了;贷款的额度,就是把你的信用量化了。你能贷的最高额度,就是你的信用量化后的最大货币价值。既然你的信用就是你的贷款额度,那么反过来看,你的负债额度就是你信用的最大额度。

不过,同样是贷款,有的人额度很高,而有的人却根本贷不到款。这是因为贷款额度是银行根据贷款人的还款能力和还款意愿来判断的。简而言之,贷款额度可以用一个公式来计算:

贷款额度 = 还款能力(最大信用额度)× 还款意愿(信用系数)

因此,如果你的还款能力不高(最大信用额度),或者你的还款意愿不高(信用系数),你的贷款额度就不会高。

按照上述逻辑,在销售过程中,你的信用就是客户对你的评价。评价的内容有两个方面:一方面是你满足客户需求的能力(最大成交额度);另一方面是你满足客户需求的意愿(成交系数)。套用贷款额度的公式,你的信用也可以用一个公式来计算。

信用 = 满足客户需求的能力(最大成交额度)× 满足客户需求的意愿(成交系数)

所以，对于信用这个层级来说，你要做的就是提升自己的最大成交额度和成交系数。

6.2.6 信誉——扬我威名

信誉，我认为它是品牌的另一种说法。

我对品牌的定义是：企业或个人持续兑现社会承诺的信用累积。根据这个定义，品牌包括三个核心要素，我从企业角度来举例说明：

（1）社会承诺。社会承诺，是企业对社会承诺的价值贡献。通俗点说，一个企业发现社会需求，并立志要满足这个社会需求，就是做出了社会承诺。

（2）持续兑现。在做出社会承诺后，企业需要聚焦如何持续满足社会需求。企业需要不断整合资源，使企业获得发展或收益，从而具备持续兑现社会承诺的能力。

（3）信用累积。企业在不断兑现社会承诺的过程中会积累信用，而信用积累到一定程度，就会形成社会认同。这种社会认同会在客户的大脑中形成某种认知。最终，这种认知会形成客户心中的品牌形象，也就是信誉。

在销售过程中，你只有持续兑现对客户的承诺，才能积累信用。如果你能一以贯之地兑现承诺，你的信誉就建立起来了，你的品牌也就建立起来了。

所以，对于信誉这个层级来说，你要做的就是持续兑现社会承诺。

6.2.7 信仰——张扬个性

信仰，是价值观的表现。

如果你的客户认同你的社会承诺，并希望与你一起共同兑现社会承诺，你的社会承诺就会成为客户的信仰。大多数情况下，客户会追随你的脚步，成为你的拥趸。在你顺风顺水的时候，客户会为你打 call（应援）；在你遭遇困难的时候，客户会为你打气。

换句话说，客户的梦想，就是你的梦想；你的梦想，也就是客户的梦想。

所以，对于信仰，你要做的就是将自己的社会承诺广而告之。

第 7 章

如何快速提升"信"的层级

我认为，客户不仅是在购买你的产品，也是在购买你的价值观。这个价值观决定了你对人、事、物的看法。对于首次接触的客户来说，客户购买的就是对你这个人的认可。客户从认识你到在你这里购买，开启了客户的消费之旅。在这条旅途上，客户可能会中途离开，也可能会与你一路同行。如果你们能够一起到达终点，就会经历"信"的每一段旅程，而在"信"的每一段旅程中客户都有不同的需求。如何满足客户的这些需求，是客户开启并走完这段旅程的关键。为了能够让你看到普通客户转化为忠诚客户的全景图，这一章我就为你展示从信息层级到信仰层级升级的全过程，帮你快速提升"信"的层级，实现轻松成交。

7.1 信息——无中生有，让客户知道

在"信"的七个层级中，信息的目的就是"种草"，在客户心中埋下欲望的种子。为了达到这个目的，你要做三件事：

（1）明确信息的受众，即你的目标客户。从你的角度来说，就是你要让谁知道这个信息。

（2）设计信息的内容，即让目标客户知道你是谁，你能帮他们做什么，以及他们为什么要找你。从你的角度来说，就是你要让他们知道什么。

（3）实现信息的传播，即让目标客户在恰当的时候接收到你的信息。从你的角度来说，就是你要让他们怎么知道。

下面，我就说说这三点：让谁知道、知道什么以及怎么知道。

7.1.1 让谁知道

很多人一说到目标客户，就会想到客户画像。在我看来，很多客户画像在营销中并不是用来明确目标客户的，而是用来传播信息的。我认为，客户画像本身与客户的需求没有多大关系。比如，40 岁中年男性、外企高管、一家三口、准备要二胎。这些描述中有哪一个描述了客户的真正需求？这样的客户画像，只是用来发现目标客户群体特征，从而更好地投放广告的。

所以，"让谁知道"是要明确你真正的目标客户是谁，他们有什么样的需求是你能够满足的。你要挖掘的是这些客户需求的广度和深度，而不是和需求没有任何关系的群体特征。如果你在第 1 章就已经明确了你能提供的产品或服务，你自然就能明确你的客户是谁，他们的需求是什么，这里我就不再赘述。

其实，你真正需要服务的客户有两类：一类是需要你的客户，他们对你的产品有需求，这是我前面说过的，也是大多数销售人员已经意识到的；另

一类是你需要的客户，他们是你喜欢的客户，这是大多数销售人员没有意识到的。两者的交集，才是你真正的目标客户，才是你能够服务好的客户，才是你愿意建立长期关系的客户，才是能给你带来持续收益的客户。很多销售人员不去关注自己需要的客户，而是花费大量的精力去服务那些既不能给自己带来长期经济价值，又不能使自身成长的客户，搞得自己筋疲力尽，真是得不偿失。

要知道，并不是每个客户都值得你去服务，因为你的精力有限。你不要花费时间和精力去服务那些让你赚不到钱，没有成就感，并且你完全不喜欢的客户。所以，在传递信息之前，你要明确自己想要服务什么样的客户。

那么，如何找到你想要服务的客户呢？

第一步，找到你喜欢的客户。作为专业人士，你一定喜欢尊重你的人，一定喜欢那些认同你的产品或服务的人，一定喜欢那些能够让你充分展示专业能力的人，一定喜欢那些和你志趣相投的人，一定喜欢那些完全相信你的人。那么，你周边有哪些客户是这样的人呢？你可以根据这样的思路，把你喜欢的客户特征列一个清单，接下来对照这个清单去评估你服务过的客户，看看哪些客户会在"你喜欢的客户"清单里。

第二步，找到你需要的客户。比如，你可能希望客户和你直言不讳，告诉你他心中的想法和真实的需求，这样你才会有更多的时间和精力帮助他解决问题，而不是花费时间和精力与客户博弈。又比如，你可能希望客户和你并肩作战，而不是你在前面冲锋陷阵，他在一旁看戏，还时不时埋怨你两句。再比如，你可能需要那些持续在你这里消费，并愿意推荐其他朋友来光顾你的客户。把你需要的客户特质列一个清单，看看哪些客户会在"你需要的客户"清单里。

第三步，对比两份清单中的客户，找到同时出现在两个清单上的客户。这些客户，就是你真正的目标客户，即他们需要你，你也需要他们。

第四步，拒绝其他客户。当你受到业绩压力或者诱惑时，千万不要为了完成业绩或获得短期的利益而选择那些不在这两份清单之列的客户。这一点非常重要。你一定要用自己的标准去确定目标客户，并下定决心只服务这群人。这样，你才能将全部精力服务于这群人，你才能实现轻松成交。

7.1.2 知道什么

这里，请先思考这样几个问题：

- 你是否会购买你销售的产品？
- 如果你不会购买，是什么原因呢？
- 如果这些原因解决了，你还会购买吗？
- 如果你的答案还是"不会"，你凭什么认为客户会购买呢？

这几个问题，并不属于"知道什么"这个环节，而是进入这个环节的前提。你可能会说，我并不需要这个产品，所以不买。这是一个很好的答案。不过，你要仔细想想，你不需要这个产品的真正原因是什么，是因为价格高，没有价值，还是不喜欢？那么，当客户说出同样的理由时，你该怎么做呢？你不买的原因，也是客户不买的原因。作为销售人员，你的责任就是挖掘产品的价值和找到真正需要这个产品的客户。

有了"会购买"这个前提，我们再说说"知道什么"这个环节要做的事。

在"知道什么"这个环节，有一个营销行业一直提及的词：卖点。如果销售人员真的掌握了卖点，我相信他的销售业绩一定很可观。不过，现实中很多销售人员根本不了解甚至不知道什么是卖点。用简单的话来说，卖点就是"人无我有，人有我优，人优我异"。"人无我有"，就是我提供了别人没提供的；"人有我优"，就是竞争对手也有，但是我的更优质；"人优我异"，就是竞争对手的也很优秀，但是我的彰显了个性、更新奇、更有趣味。

如果你在前面的章节中做了充分的练习，那么到了这里，你应该会有非常强大的卖点"弹药库"。如果你还没有做这些练习，现在就回到前面的章节做相应的练习，之后再回到这里，以便我带你进入"知道什么"真正有价值的环节：定位。

卖点要传递的内容主要有两个方面：一是你能帮客户做什么；二是为什么客户找你购买。所以，你的卖点最终要聚焦到你能否用一句话说清楚自己的定位。下面，就来说说如何说清楚你的定位并让客户记住你。

我问你：如果只让客户记住一句话，你想让客户记住什么？

这一句话，就是你的定位，也是你的口号，更是你的社会承诺；它并非

"无中生有"，而是通过以下几步确定的。

（1）将你希望满足的客户需求全部写出来，包括你现在能做到的和未来想做到的。

（2）把满足这些需求的动作描述都改成动宾短语。

（3）用一个名词概括所有动宾短语中的名词。

（4）用一个动词概括所有动宾短语中的动词。

（5）思考这句话是否能够真正代表你，代表你为客户解决问题的能力。如果不能，修改这个动宾短语。

（6）可以加上你的个性化标签，也可以不加，加了之后更能体现你的特点。

（7）优化整句话，做到朗朗上口，让人印象深刻，一听就能记住。

我把我创作口号的过程分享给你，希望能帮助你理解我这个说清楚定位的方法。

第一步：写出我想要满足客户的全部需求。

从我进入咨询行业开始，我就一直想培养一些值得培养的人，也想专注于销售领域。所以，我写下了这些描述：

· 我想帮助销售人员提升营销思维和能力。

· 我想帮助销售人员习得轻松成交的方法。

· 我想帮助销售管理人员提升营销思维和管理能力。

· 我想帮助所有销售管理人员提升领导力。

以上这些是我目前能够帮助企业实现的事情。可以看出，这些都是以人为基础的。接下来，我又思考了一下自己未来的发展，并写了以下描述：

· 我想通过人的能力的提升，提升企业的销售业绩。

· 我想通过一体化的咨询服务，提升企业的盈利水平。

· 我想通过战略咨询帮助企业明确发展方向。

这几点是我未来想做的事情。可以看出，这些都是以企业为基础的。到此为止，以上两个方面，就是我希望为个人和企业提供的所有服务。

第二步：将所有的描述改成动宾短语。

· 提升营销思维和能力。

- 习得方法。
- 提升营销思维和管理能力。
- 提升领导力。
- 提升企业的销售业绩。
- 提升企业的盈利水平。
- 明确发展定位。

第三步：用一个名词代替所有动宾短语中的名词。

从动宾短语中的名词来看，大多数描述都是围绕企业销售方向的。但是，如果使用"销售"这个词，可它又涵盖不了盈利水平、销售业绩、发展定位等这些意思。经过几次尝试和思考，我觉得"成交"这个词很不错。企业和个人所做的所有工作，其实都是为了成交。无论是企业制定战略、规划产品、策划营销方案、提升盈利水平，还是个人提升营销思维能力、提升领导力、提升管理能力，都是为了成交。我也想过"盈利"一词，但是"盈利"又显得有些狭窄，不足以涵盖我的服务范围。我感觉"成交"不仅能够涵盖我的服务范围，还给我圈了一块很大的业务范围。所以，我最终用"成交"代替了所有的名词。

第四步：用一个动词代替所有动宾短语中的动词。

其实一开始我并没有想到这一步。因为想到成交的时候，我第一个考虑就是如何让"成交"一词更吸引人。所以，我选择了"轻松成交"这个词。之后，我就在后面直接加上了一个押韵的词"就问杨骁"。这样，我的定位和口号当时就出来了："轻松成交，就问杨骁。"这个口号现在看起来也是不错的。不过，在我看来，这个口号给客户传递的信息还是差了点意思。不聚焦，没有社交话题，没有给客户找我的理由，没有突出我的特点。还有一堆问题，我就不一一列举了。那该怎么办呢？我从持续的思考中找到了答案。

从 2013 年开始，我一直在"杨骁"公众号中谈论涉及汽车零售领域的营销技巧与管理思维。同时，我发现了另一个非常重要的需求，就是管理人员对于销售能力的需求。他们认为销售人员应该多学习销售技巧。所以，很多管理人员愿意看我的文章，并转发给他们的销售人员。因此，我从中梳理出一个短语：聚焦成交。

所以，我开始了第四步，用"聚焦"代替了所有动词。我想，"聚焦成交"能够代表我的业务方向和我能为客户服务的方向。

但是，我仍然觉得这个词不能涵盖咨询的业务范围，所以我又开始进一步思考。如果用"咨询成交"呢？这个短语不是很顺口。咨询，大多数情况下是通过沟通和交流实现的，当时，我还没有想放弃"就问杨骁"这个短语，所以我就又梳理了一遍，我发现"谈成交，找杨骁！"这个口号不错，就先用了一段时间。

第五步：评估这个动宾短语能否代表我自己。

随着自己咨询业务能力的提高，我发现，"谈成交"这个短语越来越有意思。往大了说，所有的企业和个人所做的一切都是为了成交。谈成交，就一定能够吸引那些想要成交的企业和个人。所以，我又优化了一下这个口号："只谈成交，就找杨骁。"到此，我的口号基本成型了。

第六步：加上个性化的标签。

这一步是为了突出个性，也是为了让大家更容易记住我的特点。所以，我的想法是：这个口号既能强化我的服务承诺，又能说明我不做什么，最好还能体现我的特点。

我的服务承诺：只要与"成交"有关的咨询业务，我都能做，包括那些我目前还不具备某些能力的项目。我会通过努力，实现这个目标。

我不做的事情只有一件：玩虚的。我既不喜欢客户跟我玩虚的，更不喜欢自己跟客户玩虚的。如果你相信我，我一定会全心全意服务好你。

有了这几点，我就开始思考，到底什么样的词汇可以描述这种态度呢？突然有一天，我想到了这个词"别扯淡"！这是东北的土话，意思是不要说没用的，说重点，或者抓紧把事办了。我觉得这个词基本上能够描述我所有的特点了。

所以这句口号就变成了："只谈成交，就找杨骁，别扯淡！"

第七步：优化句子直到朗朗上口，容易记住。

第一个要改的点，就是"别扯淡"。因为放在这句话中，"别扯淡"有点儿教训客户的味道。所以，我改成了"不扯淡"。

第二个要改的点，就是前面是四个字，到后面变成了三个字，而且不是很押韵。我改了两个版本，一个是"想成交，问杨骁，不扯淡！"；另一个是"关注杨骁，只谈成交，不扯淡！"

这两个版本，我都很喜欢，所以我在自己的私人微信号的签名栏中用了第一个，在我的微信公众号的签名栏中用了第二个。总之，杨骁的态度就是"只谈成交，不扯淡！"

以上，就是我描述定位和制作口号的全过程。这个过程看起来简单，但实际上也是在不断摸索中的。我不敢保证以后不会再出现其他更好的口号，但是目前这个口号已经足够准确描述我的定位了，而且这个定位也是我一生为之努力的方向。我相信到了最后，客户对我的印象可能是："杨骁，不扯淡！"这样，其实更好，不是吗？

至此，"知道什么"这部分内容就讲完了。接下来，你就要思考如何让目标客户知道你的定位。

7.1.3 怎么知道

作为销售人员，你要想处理好"怎么知道"这一环节，你就要解决三个问题：怎么找到目标客户、怎么传递信息给目标客户、怎么激发客户来找你。下面，我就分别说说这三点：找到目标客户、传播独特卖点、激发客户行动。

找到目标客户

一提到寻找目标客户，很多市场营销专家都会提及客户画像这个概念。通过客户画像，市场营销专家可以根据不同的营销触点设计不同的营销方案，从而激发客户主动购买。这虽然是一种不错的营销方式，但如今互联网技术的快速发展给销售人员也带来了非常多的自我营销的机会。我认为，作为销售人员你并不需要完整的客户画像，你只需要找到那些与成交相关性特别强的客户标签就可以了。

那么，如何找到客户标签呢？

我先问你，什么是成交相关性特别强呢？

举个汽车零售的例子，为了不涉及隐私，我暂不提及具体的品牌和车型。某高端汽车品牌 4S 店通过数据分析得出，X 车型的绝大部分车主的上一辆车是 A、B 两款车型。于是，这家 4S 店为所有这两款车型的车主提供了一定次数的免费洗车服务。这两款车型的车主可以在每天 18:00 以后到这家 4S 店免费洗车，4S 店还免费提供晚餐。通过这样的方式，4S 店用很低的市场营销费用吸引了一大批目标客户，并从这群目标客户中成功销售了很多辆 X 车型的汽车。

在这个案例中，A、B 两款车型就是成交相关性特别强的客户标签，即拥有 A、B 两款车型的车主，就是这家 4S 店的目标客户。用这样的方法，这家 4S 店锁定了很大一部分目标客户，然后通过自己的营销策略将这些目标客户吸引到店里，从中获得销售机会，最后赢得成交。

这家 4S 店画了客户画像吗？可能画了，也可能没有画。但是，它找到了最关键的客户标签。只抓住这一点，就精准定位了目标客户，让营销行为有的放矢。同理，你也可以这样思考问题，比如：

- 购买我产品的客户，还会购买哪些产品？
- 购买我产品的客户，还有哪些需求？
- 购买我产品的客户，还有哪些容易被识别的特点？
- 购买我产品的客户，具备哪些前提条件？

…………

想找到这些问题的答案，你可以试着问问那些和你关系特别好的客户，听听他们的回答。可能，你会得到不一样的答案。

传播独特卖点

继续分析前面的案例，这家 4S 店传播独特卖点的方式是免费提供洗车服务和晚餐，让客户主动上门。它的独特卖点是：不仅为它的客户提供优质服务，还为其他品牌车辆的车主提供优质服务。

借着这个案例再思考，这家 4S 店是如何传播独特卖点的呢？赠送洗车券。那他们是怎么做的呢？很简单，派推销人员在所有 A、B 车型的雨刮器上放上洗车券，或者直接给车主。他们用了最简单的宣传方式——"扫街"。

你可能会说："这种方式我一个人干不过来。"没错，你确实干不过来。你要从中找到思路，而不是单纯地模仿。你发现了吗？这家 4S 店的传播渠道是 A、B 两款车型。你可能会有点懵：车型怎么会是渠道呢？要知道，市面上有上千款车型，但是 X 车型的车主大多数前一辆车是 A、B 车型。你是不是能从上千款车型中直接筛选出 A、B 两款车型呢？针对这两款车型的宣传工作，不就是聚焦了两个渠道吗？在这个过程中，"扫街"是将信息传播到渠道的一种方式。

所以，你可以问问自己：我的传播渠道是什么？其实，他购买的产品就是你的渠道，他的前提条件就是你的渠道，他可以被识别的特点就是你的渠道。这些渠道，有些是线上的，有些是线下的；有些是虚拟的，有些是实体的。

你可以借此思考一下如何建立自己的传播渠道。这个渠道不应该是你自己选的，而应该是根据成交相关性最大的客户标签选的。注意，你不必区分是线上的还是线下的。因为你的渠道取决于与你成交相关性最大的客户标签。线上或线下，仅仅是和"扫街"一样，将信息传播到渠道的方式，仅此而已。

关于线上传播，关键在于选好传播平台。比如，我是做咨询和培训服务的，如果我想要获得企业客户的关注，线上的最佳平台是领英（LinkedIn），而不是抖音、快手或是微信视频。原因很简单，领英做的就是这类服务。如果我想获得个人客户的关注，最佳的平台是通过微信生态，包括微信、朋友圈、小程序、视频号、公众号等。这样，我可以用社群的方式服务这类个人客户。目前，我自己一直在打造微信生态。因为我初期的业务对象是很多终端的销售人员和管理人员。最近，我开始逐步将很多内容同步到领英上，这样可以慢慢扩大企业客户资源。注意，这里的企业客户和个人客户，就是我的渠道，领英和微信生态就是我的传播方式。

关于线下传播，你已经学会了成交漏斗，我想你应该知道该怎么做了，我就不再赘述了。如果不清楚，就回到前面复习一下。

激发客户行动

你已经确定了自己的独特销售卖点，也明确了自己的传播渠道和传播方式。接下来，你只需提供可以激发客户行动的信息，就能将所有的销售机会抓在手里。信息内容你已经有了，就是你的独特销售卖点，这个卖点既可以让客户有需要的时候找到你，也能帮助你筛选目标客户，但是想要激发客户采取行动，你还需要一定的手段。该如何将你的独特销售卖点广而告之呢？那就是通过写软文去宣传。

我们先来看怎么写好软文标题，我认为写好软文标题有四个标准：一眼能看完、一眼能记住、一眼能看懂、一眼能行动。

一眼能看完，是指一眼就能看完标题内容。一眼能看完，并不意味着一定要字数少，而是意群少。意群少，读者看的时候就能快速看完。一般来讲，如果你的标题超过 3 个意群，读者读起来就会吃力。如果是 1～2 个意群，读者读起来就会很轻松。

当然，还有一种情况会提高读者的阅读速度，就是文字押韵。如果你的标题或主题押韵，就能够让客户快速记住你想传递的信息。

一眼能记住，是指你的标题可以让读者看完后就能记住。有三种方法可以做到：第一种方法还是押韵；第二种方法就是借鉴一些流行语，让大家快速从流行语中了解你要说的内容，从而加深记忆；第三种方法就是通过不断重复，强化客户的记忆。

一眼能看懂，是指意思清晰，即让读者看完之后能快速理解。如果读者看完之后不能理解，就不知道你想说什么。这样，再有意境的广告词都是没有价值的。如果你想学习这一点，就要多学学白居易的写作方式。他所倡导的"老妪能解"，是所有营销人应该遵循的基本原则。

不过，有时候一个人的思维会有惯性，很难脱离自己的思维桎梏去发现问题。有两个方法供你参考：一个方法是让别人帮你检查，看看是否有歧义；另一个方法是写完后，隔几天自己再看看是否有歧义。通过这两种方法，就能够让你准确地表达你想要表达的信息。

一眼能行动，是指要让客户看完之后有所行动。你期望客户看完标题之后的行动是什么呢？当然是继续读文章。那么之后呢？就是让读者联系你或直接购买。所以，让读者阅读标题的第一个目标是激发客户阅读软文。这样，就能让客户跟着你的节奏一直读下去，最后联系你或直接购买。做到一眼能行动的关键是软文的内容是否与客户相关。如果你的软文与客户不相关，那么无论你的软文有多优秀，都没有意义。对客户来说，与他不相关的内容，就是一堆废话。因此，你的标题一定要与客户相关。

那么，让读者阅读标题的第二个目标是让客户在阅读后，用标题去传播你想要传递的信息。也就是说，如果软文是广告，那么标题就是浓缩的广告，就是能够让客户传播的广告。所以，你的标题要激起客户的阅读兴趣，并让客户将它传播出去。综上所述，如果你想利用软文吸引客户并实现自主传播，第一件事就是把你的标题写清楚，写明白，写得激动人心。

能传播，就意味着有社交属性。所以，你的软文标题必须具备社交属性。同时，你的软文标题还要兼顾有用和有趣。具备这几个要素后，就能吸引客户去关注你的软文了。

如果你能够把一个软文的标题写好，那么你就可以写好一篇软文。所以，多多练习，先写好软文的标题，再慢慢提高软文的写作水平。

接下来，我们再说说软文如何能够激发客户响应你的号召。

想要让客户响应你的号召，你就要像一名高中生一样，好好写写议论文。把你想和客户说的话说清楚：你想要他们相信什么（论点），用什么理由让他们相信（论据），用什么方式展示这些理由（论证过程），最后你会用什么样的号召（论点总结）让客户选择你？

最后，再教你一个技巧：所有的议论文，矛盾越大越吸引人。

我举个简单的例子，解释一下什么是矛盾越大越吸引人。比如，你戒烟 20 年都没有效果，内心充满了沮丧、愧疚、自我否定与挫败感。这个时候，如果我告诉你其实你不需要戒烟就能不再吸烟，你会不会觉得和你原有的认知是冲突的（对立），你是不是想要知道为什么（兴趣）？如果我再告诉你，你过去的一切经历都只是为了最终不再吸烟做的必要积累，你是不是觉得以前的努力没有白费（统一），你是不是想和别人分享一下自己的激动之情（社交）？最后，我再告诉你，在你过去的经验基础上，你只要转变一点思路，根本不需要费力就可以做到不吸烟（对立统一的整体），你是不是非常想知道怎样才能做到（有用）？

好了，现在你已经清楚如何吸引客户并激发客户响应你的号召了，算是基本掌握了传递信息的核心方法。接下来，如果你可以把每次传递的信息都匹配一个固定的标识，就可以初步建立自己的品牌形象。当然，品牌的建立需要一段很长的路。

好了，到了这里，通过对以上内容的学习，你已经知道如何提供信息以及提供什么样的信息给客户了。这个信息就是你的定位。你要持续传递这些内容给客户，直到他们认识你，了解你的定位，并且在有需要的时候想到你。

7.2　信心——充分准备，让客户尝试

当一个新客户从你这里购买时，他做出决策的过程是非常慎重的。原因很简单，客户要承担购买之后的一切风险，而他并不能确定你一定能满足他的需求。对于新客户来说，你是一个全新的销售人员或服务人员。他不知道你能带给他什么样的结果，所以新客户在你这里消费就是一次冒险；新客户的消费过程，实际上是一次冒险的旅程。所以，即便你的产品对客户真的有用，客户也不会轻易相信你的话。

那么，在信心层级，如何让客户从无根之信变为有根之信呢？你该如何让客户相信你所说的话呢？这时，你必须从产品的价值之外切入。在信息层级，我已经指导你如何营销自己了；在信心层级，销售产品不是目的，销售你自己才是目的。这是两个完全不同的场景。前者是让客户知道你能为他们做什么，以及他们为什么一定要找你；后者是当客户找到你的时候，你能证明他们的选择是正确的。很多销售人员没搞懂这一点，过早地进入了产品销售阶段，因此经常遭到拒绝。

所以，接下来你要解决的是如何消除客户对你的怀疑、让客户对你建立信心、让客户敢于承担风险选择你这三个难题。下面，我会通过幽默破冰、专业立信、品牌背书三个环节，帮你解决以上三个难题。处理好这三个环节，新客户的成交自然就水到渠成。

7.2.1　幽默破冰

幽默的人，到哪里都更受欢迎，做什么事情都更顺畅。如果你是客户，你会选择一个非常专业的，但是说话做事处处给你添堵的销售人员，还是选择一个具备一定的专业度，但是说话做事能让你处处感觉舒服，甚至经常让你开怀大笑的销售人员呢？我想，大多数人会选择后者。如果你想让一个新客户对你有信心，敢于尝试购买你的产品，你首先要让他接受你。而幽默，

就是最有效的方法。

如何获得幽默的能力呢？你认为自己是一个有幽默感的人吗？如果不知道什么是幽默感，你就想想你周围的人，你一看到他就想笑的，或者他一说话你就想笑的人，把这个人找出来。

你有没有发现，这个人好像总是笑眯眯的。而且无论发生多么严重的事情，他好像从来没有激动过？还有，无论工作压力和挑战有多大，他总是平静地就把事情给办了，好像他做什么事情都很轻松。你会发现，他就像阳光，无论在哪里都会让人感到开心、温暖、舒服。

现在，你再回头看看自己。你是怎么面对挑战的？你会像他一样吗？在日常的生活、工作、学习中，你给别人带来温暖了吗？你给别人带来笑容了吗？

如果你觉得自己没有幽默感，也没关系。因为有太多的人没有幽默感。我想让你知道的是：你完全可以有幽默感，而且这种幽默感会让你变得很好。

现在，请思考一下，为什么你会觉得你想到的那个人有幽默感呢？这里，我先强调一下：幽默感不是天生的，是后天习得的，而且习得的方式也不同。有的人是潜移默化被熏陶出来的，有的人是通过不断练习得到的。

被熏陶出来的人，首先要感谢自己有个好的原生家庭、好的生活环境。大多数情况下，是你的原生家庭造就了你的幽默感。让你从一开始就掌握了主动权：所有的人都愿意和你亲近。

而对于那些通过练习获得幽默感的人来说，幽默感该如何习得呢？很简单，改变心态，即要有"Yes 心态"。

这里，我说说什么是"Yes 心态"。先声明，这个心态不是我的原创。"Yes 心态"比积极心态的层次更高。因为积极心态只是描述内在心态，而"Yes 心态"连外在心态都描述了。而且，积极心态其实只是一个心理状态，而"Yes 心态"是一种价值观和言行的统一。

我认为，"Yes 心态"的核心是：在任何环境和情况下都能看到正向、积极、肯定的一面，即让你看到"一切皆有可能"。

当你具备"Yes 心态"后，你会从一些事中看到更多、更加积极的一面。当一切皆有可能，生活就有了变化，就有了希望。

当你具备"Yes 心态"后，你会看到生活和工作中更多有趣的一面。你会用 Yes 心态感染周围的人，给他们传递温暖。当你的生活有了变化时，你周围的环境也会有变化。

那么，如何保持 Yes 心态呢？通过镜像神经元。因为有镜像神经元，所以我们的大脑可以程序性地模仿我们看到的其他人，而且是持续地、不知不觉地。这就是为什么我们经常看到两个人有默契，或者两口子有夫妻相的原因。他们在一起相处久了，神经系统相互模仿，就会形成默契。

所以，要想学会幽默，要想保持 Yes 心态，你需要经常与那些有幽默感、有 Yes 心态的人交往。你会发现，你的言行会慢慢受到他的影响，变得越来越像他。尤其当你非常认可对方的言行举止时，你就会高度模仿。

当你有了 Yes 心态，你自然会拥有幽默的能力。当你具备幽默能力后，就会自然而然地学会如何与客户破冰。

如果你认为幽默可以为你解决销售难题，接下来，你就要开始专心做两件事：

（1）学习并保持 Yes 心态。

（2）模仿那个幽默的人。

7.2.2　专业立信

如果你具备了幽默感，恭喜你已经有了一定的优势。不过，无论你是否有幽默感，客户在选择你的时候都会有一个前提条件：你能否解决他的问题。表现在信心层级，就是客户对产品在未来可以满足其需求的预期是否能够实现。

从时间节点来看，新客户购买的是你的售前服务。大多数售前服务是咨询服务。你需要通过提供咨询服务并提出有建设性的解决方案，从而提升客户对你的信心，消除客户对风险的担忧，为成交做好准备。这就要看你是否能够表现出专业水准了，也就是说，你是否真的懂你的客户。

那么，该如何提升自己的专业度呢？你可以从四个方面去提升：产品、业务、需求、体验。下面，我分别介绍这四个方面。

产品

如何从产品方面体现你的专业度呢？

你需要熟练掌握以下产品知识：

· 列出产品的所有功能。

· 根据 MECE 原则对所有功能分类，并将其命名，便于记忆。

· 将所有功能分别放入不同的类别中。

· 从分类中提取亮点，制作销售话术。

· 一段时期后打破旧的分类，重新分类，以便加入新的功能。

注意：有些产品可能会有不同的功能，所以你要按照功能进行分类。希望你可以整理出所售产品的类别，并且能够灵活运用，提升你的专业度。如果你在这方面有困惑的话，可以关注"杨骁"公众号，给我留言。

业务

产品方面的专业度是轻松成交的基本功，而业务方面的专业度是销售人员顺利开展销售工作的关键。业务方面的专业度一般体现在两个维度：一个是业务的标准动作，另一个是销售技能。接下来，我就分享一下如何在两个月内提升业务方面的专业度。

第一个月是流程学习。目的是让销售人员快速熟悉销售流程，以及销售流程中需要注意的事项。

内容一：回访客户。通过回访客户，销售人员会了解一些重要的注意事项：客户在哪些环节中经常会有抱怨或投诉。这样，销售人员在销售过程中就会有意识地规避风险，同时能够加强与售后人员的业务联系。

内容二：学习销售和售后流程。每天学习时间不超过 45 分钟，超出这个时间，注意力会分散，继续学习也没有多大效果。通过学习，销售人员可以基本掌握销售流程。为什么销售人员还要学习售后流程呢？因为销售人员很大可能要接触售后业务。作为专业人士，你不能对客户说出"您找售后人员吧"这样的话吧。

内容三：自学流程。公司需要给员工提供自学的机会，这样员工才能自主学习，提高学习效率。所以，公司应该给销售人员提供流程手册。这个流程手册不应该只简单地介绍销售流程，而要形象生动地体现每一个环节中销售人员需要做的动作内容、使用的工具，如果有相关的照片或视频展示就更好了。这样，销售人员可以通过自学，形成可视化记忆。

内容四：每日测评。学习流程后，每天早晨测试 1~2 道题。测试形式不需要选择题、填空题、判断题。因为这些题目都是客观题，对能力提升没有多大帮助。如果你想要提高自己的学习效率，最有效的测试方法是用简答题来测试自己对流程的掌握情况。

第二个月是业务学习。目的是让销售人员快速熟悉业务内容。这里的"业务"，是指伴随着销售过程必须完成的其他必要的工作。比如在购买车辆过程中，办理贷款申请、购买保险、车辆上牌等，这些都是业务范围。

需求

有了产品方面的专业度和业务方面的专业度，你应该会有一个比较专业的形象了。但是，你仍然要具备一项非常重要的技能，才能让客户觉得找你是对的，那就是需求方面的专业度。需求方面的专业度表现在你对产品的理解和客户体验的设计上。

在这里，你不仅要关注产品，更要关注服务。服务，不仅仅是一项具体的工作，比如提供清洁服务；也可能是提供咨询和解决方案，比如提供高定服装的咨询建议，咨询服务并不收费，费用已经包含在服装里了；还可能是售后支持，比如解决客户使用产品时的疑难问题；更可能是表达的方式、服务的动作，比如你为客户提供服务时的态度和语气等。

那么，客户的需求是什么呢？我用一个图来解释一下产品价值与客户需求认知之间的关系，如图 7-1 所示。

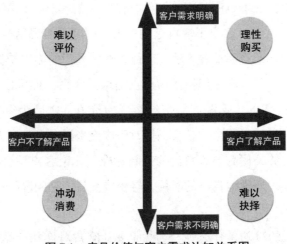

图 7-1　产品价值与客户需求认知关系图

第一种场景是客户了解产品，也了解自己的需求。所以这类客户只要发现符合自己需求的产品，在经济条件允许的情况下，就会购买。

第二种场景是客户不了解产品，但是了解自己的需求。这样的客户是那种清楚自己想要什么，并且愿意付出行动的人，但是他们对产品不太了解。对于这样的客户，销售人员比较难沟通。因为他们不了解产品，所以无法说清楚产品和自己需求之间的关系。因此，销售人员很难提供有效的解决方案，也很难赢得成交。

第三种场景是客户不了解产品，也不了解自己的需求。因为客户对自己的需求不明确，对产品也不熟悉，只能凭感觉判断是否要购买。这种感觉未必不对，但是有时会造成冲动消费，以至于后续会有退单或退货的情况发生。

第四种场景是客户了解产品，但不了解自己的需求。这类客户不了解自己的需求，也就是说，即使产品再好，也无法让客户下决心购买。

针对不同类型的客户，你要制定不同的成交策略。

针对第一种，了解产品也了解自己需求的客户，你需要强调自己的产品特点和竞品有什么不同，从而赢得客户的认可。

针对第二种，不了解产品但了解自己需求的客户，你可以认可并强化客户的需求，介绍你的产品的价值，同时引导客户去体验，通过对比，强化你的产品的价值。

针对第三种，不了解产品也不了解自己需求的客户，你可以向他们介绍你的产品的价值，引导客户了解自己的需求，同时你要展示产品的亮点。如果你能使用好这样的产品体验方法，就能将客户真正的需求挖掘出来。

针对第四种，了解产品但不了解自己需求的客户，你可以强化客户的认知，展现产品的亮点，强调产品带给客户的价值，之后为客户提供解决方案，赢得成交。虽然时间会比较长，但对于成交来说，有百利而无一害。

作为销售人员，你需要有自己的判断标准，无论客户是否意识到自己的需求，当你比客户还懂他自己的时候，轻松成交就不是问题了。

体验

让客户体验的目的是什么呢？当然是要让客户对你和产品记忆犹新。但是，要想让客户对你的专业形象和产品记忆犹新，你就需要具备较高的专业度。那么，该如何提高体验方面的专业度，让客户记忆犹新呢？

回想一下自己过去的经历，看看你对什么事物记忆深刻？你会发现，自己之所以对某些事物的记忆特别深刻，不是因为这些事物对你的冲击非常大，就是因为这些事物不断在你眼前重复出现。接下来，我要分享两个增强客户体验、加深客户记忆的方法：一个是 "水滴石穿"，另一个是 "铁画银钩"。

先说说 "水滴石穿" 吧。

简单来说，人的记忆过程分为两个步骤：输入和提取。将信息储存在大脑中，这是输入；通过回忆或应用使信息重现，这是提取。你在遗忘的临界点提取这部分信息，就会加深大脑对这部分信息的记忆。你在遗忘临界点提取信息的次数越多，将来在大脑中提取信息时就越容易。这样，你的记忆就从短期记忆变成了长期记忆。如果你能够对某个事物不断重复记忆，你就会对这个事物记忆犹新，甚至永远不会忘记。

同样，如果你能够在客户面前重复出现，最好是在客户遗忘的临界点重复出现，就会让客户记住你。比如，你想让客户记住你的名字，那么在客户面前不断重复自己的名字是一个非常不错的方法。

当然，在使用重复策略时不能有太多复杂的信息。因为信息越复杂，越会影响客户对信息的输入和提取。一般来讲，"魔数之 7" 原理比较适用于快速输入与快速提取，也就是说，人们可以快速记住 7±2（5~9）个信息，如果在短期内重复提取这部分信息，那么人们就会在较长一段时间记住这部分信息。

有了这个逻辑，对于一段较长的信息，你可以按组将其分割成 7±2 个信息组，每个信息组的信息数量有关联且最好小于等于 7±2 个，这样就很容易记忆。在这个基础上不断重复，就能够记得更加牢固。

客户离店后，该如何让客户记得你呢？答案是，你可以选择定期或不定期的跟进。当然，你在客户遗忘的临界点重复出现，是让客户记住你的最有效的方法。你可以参考艾宾浩斯遗忘曲线，调整自己的跟进节奏。

如今，移动互联网技术发展很快，你还可以通过一些新媒体不断在客户面前重复自己和产品的信息，让客户持续关注你。目前的微信生态就比较适合销售人员。无论是个人微信、企业微信、公众号、视频号都是非常有效的私域生态，可以与客户亲密接触。通过这些平台增加与客户之间的接触频次，客户自然就会记住你了。

这就是"水滴石穿"的运用方法，其实很简单，而且效果很明显。

通过"水滴石穿"，你可以让客户记住你。那么对于复杂的信息，比如产品大量带有参数的功能或特点，该如何让客户记忆深刻呢？这就需要"铁画银钩"了。

我之所以想到这个非常形象的词汇，是因为我看了金庸先生的《倚天屠龙记》。其中，张翠山的名号就是"铁画银钩"。我记忆犹新的一个场景就是他与谢逊在山崖上比武刻字的飘逸场面。

如果"水滴石穿"是在客户大脑中不断用笔画一条线，让这条线不断加深、加重、加粗，从而让客户记住你，那么"铁画银钩"则是在客户的大脑中直接斧凿刀刻出一条线，从而让客户想忘都忘不掉。

那么，怎样才能让客户有深刻的记忆，长时间记住产品的特点和价值呢？其实很简单，让客户去体验，并且是全方位的体验。"铁画银钩"就是通过全方位的体验让客户将信息牢牢记在大脑中，无法磨灭。全方位的体验会刺激人的六欲：见欲（视觉）、听欲（听觉）、香欲（嗅觉）、味欲（味觉）、触欲（触觉）、意欲（欲望）。

你可以通过实物体验与精神体验强化五欲，进而提升意欲，实现成交。

你能够通过前五欲刺激客户，就会让客户有非常深刻的体验。如果再不断重复和强化这种体验，就会让客户久久不能忘记。

你在设计实物体验时，不能仅仅走形式，还要走心。你要思考客户的情感需求，满足客户的情感需求。

注意，无论是实物体验还是精神体验，客户都会逐渐遗忘。为了让客户的记忆更加深刻，你需要让客户在体验之后拥有可视化记忆。所有的经历都会在右脑中形成可视化记忆。通过可视化，客户的记忆会更加持久。这样，就能够让客户的体验效果最大化。

有时候，你可能缺乏展示实物的机会。这时，你该怎么办呢？你仍然可以通过左右脑协作的方式，用语言描述出产品的功能、特性和价值，引导客户在大脑中体验产品。

注意，客户的每一次实际消费，其实是他的第二次消费。客户的第一次消费是在他的大脑中产生的。所以，你用形象化的语言描述客户在大脑中"消费"的场景，就能加深客户的体验并激发客户的购买欲望（意欲）。

为什么你用文字就能描述出这种体验呢？因为人的右脑储存的历史信息，可以通过左脑的语言输出调出来，让人在大脑中产生身临其境的感受。当你通过语言呈现可视化信息的时候，就能让对方将大脑中的记忆提取出来，形成可视化的场景，从而达到与实物体验一样的感受。

如果在产品展示中，你能充分利用这种方法，就会给客户带来深刻的记忆。

你可以在现实中通过实物体验和精神体验，激发客户的购买欲望；也可以用形象化的语言还原客户大脑中的消费场景，从而激发客户的购买欲望。无论哪一种方法，都是在刺激客户的五欲，从而激发客户意欲的过程。

7.2.3　品牌背书

在幽默破冰之后，通过专业度的展示你已经使客户建立了信心，但是要想让客户下决心购买，还需要重重的一笔，那就是接下来要说的"品牌背书"。

品牌为了增加可信度，通常会借用第三方的信誉。第三方以一种明示或者暗示的方式对品牌的可信度再次做出确认和肯定。这种品牌营销策略，就叫品牌背书（以下简称背书）。通过背书，品牌再次向客户强化其对消费者的承诺，并与消费者建立一种持续可信的关系。

那么，对于销售人员来说，你需要什么样的背书呢？

想要回答这个问题，你就要回到原点。你的原点是什么呢？是轻松成交。

首先，你要确定的是谁来背书，才会让你的客户对你有信心并愿意在你这里购买。

其次，你要考虑的是你请的第三方，要为你说些什么。你背书的目的，是让客户增强对你的信心，愿意在你这里购买。所以，背书时应该重点强调

"你"对客户的价值。

但是，不要误以为背书就是做商业广告。背书，是以第三方的人格为你的品牌做担保。

这里，我说一点我自己关于背书的心得：网络时代，你需要打造自己的品牌；你需要改变自己的销售方式；你需要用营销的思维去销售；你需要从客户的购买体验中考虑成交的机会。所以接下来，你应该拿起电话，打给和你关系最好的伙伴，和他们一起聊聊天，询问他们为什么和你合作。最后，记得争取录一段视频作为你的宣传片。

到了这一步，你就可以在任何地方发布这篇"广告"。如果这个第三方在本地或行业内有一定的影响力，那么它就是一个非常棒的背书。如果你能拿到越来越多的背书，就可以把这些背书全部放到你的软文中。

好了，到了这里，你已经知道如何帮助客户建立对你的信心了。接下来，就是你自己总结和思考的过程了。

7.3 信任——证据确凿，让客户放心

成交之后，客户的"信心"会转变为"信任"或"不信任"。如何证明客户信任你呢？推荐？复购？这些都可以是评价的标准。

那么，你该如何做呢？其实，你要做的事情很简单，就是让客户放心，即向客户证明你是他最正确的选择。虽然都是正确的选择，但是对于信任层级和信心层级来说，正确的选择不一样。信心层级的正确的选择是用专业度让客户对你建立信心。信任层级的正确的选择是用结果证明客户做出了正确的选择。

这里需要注意，你的产品是否能够满足客户的需求，取决于客户购买后的体验。这个体验过程，涉及你的售后服务体系是否完善。因为这个体验，不仅仅与产品本身有关，还与你的售后服务质量有关。

接下来，你要做的就是证明你的产品能够满足客户的需求。这里，你需要注意三个方面：售后原则、关键动作与投资回报。

7.3.1　售后原则

售后服务的原则是：能够让客户在需要的时候想起你，找到你。

但是很多销售人员做不到这一点，因为他们不希望让工作影响自己的生活。过去，我的想法也是尽可能将工作与生活分开。工作的时候拼命工作，生活的时候拼命生活。但是，我慢慢意识到：当你不享受工作的时候，才会这么做。也就是说，如果你不喜欢现在的工作，只拿它当一个赚钱的工具的话，你必然不会让工作占用你的私人时间。但是，当你认为这个工作是你热爱的，能够让你充满激情，愿意用一辈子去做的事业，你就不会认为工作占用了你的生活时间，你会很享受工作的状态，不会将工作与生活完全割裂。

所以，你现在面临两个选择：一个是把你的工作当作赚钱的工具，继续将工作与生活割裂开；另一个是把你的工作看作让你充满激情的事业，让它融入你的生活，成为你生活的一部分。

当你选择了第一个，你要做的就是合理安排所有的工作。

当你选择了第二个，你要做的事情很简单：让客户随时可以找到你，随时可以联系到你。你可以帮助客户解决所有可能发生的问题。同样，你根本不在乎他是否占用了你的私人时间。因为你是在为自己打工，而不是为老板；你是在为自己的成长负责，而不是为别人。

所以，让客户需要你，进而让客户在需要的时候找到你，是你现在能够提升业绩很好的方法。

7.3.2　关键动作

你已经知道了售后服务的原则。现在，跟我一起了解几个关键动作。这几个关键动作一般是在签单与产品交付之间有时间差的情况下做出的。

第一个动作：第一时间主动与客户联系

要知道，客户和你签订单的时候，还处于信心层级，并没有达到信任层级。如果你大脑中没有元认知概念的话，你很难理解客户在等待产品交付时的那种忧虑：担忧和焦虑。甚至，客户可能还会产生非常强烈的恐惧感：对事物失去控制的不好的感受。如果你不能在这段时间里提前联系客户，为客户消除这些负面情绪，你就失去了一次建立信任的机会。

所以，你要在签单之后第一时间与客户联系，告知客户目前产品交付的进程。这里的第一时间指的是订单签订的当天。

如果你想等所有的事情都安排好了再告诉客户，你的客户肯定等不及。不要因为没有及时与客户沟通而让你的努力白费，这是非常可惜的事情。

虽然你不能控制所有的事情，但是你能控制的事情就是与客户保持联系。你要明白商业社会的工作机制：给客户结果并不是你工作的终极目标，让客户放心才是！如果你不能让客户放心，自然就无法赢得客户的信任。

一个不能让人放心的销售人员，是很难赢得客户的信任的。客户可以理解你，可以接受你的解释。但是，客户很难忍受你带给他的那种不放心的感觉。所以，他会慢慢疏远你，不再和你交易。

第二个动作：与客户约定交付时间

签单后，有些产品可能需要一定时间才能提供。所以，你需要安排签单后的交付产品和支付尾款工作。

如果你没有安排好这项工作，麻烦就很大。最严重的情况是：产品已经生产出来了，准备交付，但是客户要退单。很多时候，销售人员要么归罪于生产和物流部门没有及时提供产品，要么归罪于客户不懂行、瞎要求。

如果你的产品需要一定时间才能提供，你一定要提前告知客户交付时间和支付流程。

你需要注意的是：如果你的产品不能按照你承诺的时间提供，你至少要提前 3 天告知客户目前的情况和预估交付的时间。否则，你可能会给客户带来非常严重的损失，进而失去客户对你的信任，最终失去这个客户。

如果在交易过程中，客户一再强调交付时间的重要性，那你就要 100% 保证在约定时间交付。否则，你就会失去这个客户。原因很简单，客户的核心需求是按时。

同理，如果你已经延迟了一次，虽然客户理解并认同你，同意你延期交付。那么，这次你一定要 100% 按时交付。否则，你也会失去这个客户。

所以，订单前的谈判，不仅要谈判价格，也要谈判交付时间、质量等与产品交付息息相关的内容。

第三个动作：陪同客户完成交付

很多销售人员在与客户签完订单之后，就急匆匆地去忙下一个订单了。这样做的结果只有一个：在匆忙的销售过程中，只能抓住那些必然成交的客户，却忽略了所有可能和客户建立关系的机会。这样，就陷入了一个恶性循环：订单不足→不断推销→成交部分客户→丢失部分客户→成交之后继续推销。客户关系没有维护好，甚至连最基本的陪同交付和交付后的体验都没有，这种情况下你肯定会失去这个客户。

如果你没有陪同客户完成产品交付并帮助客户体验产品，会有哪些可能的情况发生呢？

（1）产品有瑕疵，这是最致命的情况。想一想，你与客户几乎断了联系，可能还没有按时供货，而最后提供的产品又是有瑕疵的劣质品，客户会有何感想？这样的情况下，客户100%会投诉、退订，会采取一切手段维护自己的利益。这时，客户不仅要求赔偿物质损失，还会要求赔偿精神损失。

（2）客户不会使用产品。即使你提供了非常详尽的产品说明书，大多数客户也可能不懂如何操作，尤其是一些比较复杂的产品。如果产品使用不顺畅，客户不会认为是自己操作的问题，一定会认为是产品质量的问题。所以，客户也会采取投诉等方式获得补偿。这个时候，即便你给出了证据证明并非产品的问题，也没办法让客户认同你的说法。

（3）客户用后感觉还行，没觉得满意，也没觉得不满意。这个时候，你所承诺的一切都没有了意义。因为客户并没有感受到产品的价值，所以不会对产品有很高的评价，更不会再次购买。客户的推荐就更别想了。这个时候，你前面的所有服务和沟通成本就只能在这一次成交中结算，无法实现客户再次购买和推荐购买的成本平摊。这里，不单单是实际成本，还包括时间、精力等隐性成本和维系客户的机会成本。

（4）客户会用，用得还不错。这是你的幸运。不过你也别高兴得太早。一方面这个概率很低；另一方面，就算客户对产品满意，未必还会在你这里购买。

第四个动作：长期跟进客户的使用情况

如果你没有安排好支付和交付，也没有陪同客户一起交付并指导客户体验。如前所说，你就已经失去这个客户了。除非这个客户对服务没有任何要求，只想拿到产品；也可能你运气好，物流速度和产品质量都有保障。

不过，就算你前面都做到了，也仍然有失去客户的风险。因为你陪同客户交付和体验之后，客户未必能够完全记得住所有的操作。当然，你也可能没有将产品的所有功能或服务的所有流程讲解完整和清楚。所以，客户在使用产品的过程中，仍然有售后支持的需求。而你就是满足这个需求的人。

最后，再总结一下这几个基本动作：第一时间主动与客户联系、与客户约定交付时间、陪同客户完成交付、长期跟进客户的使用情况。

7.3.3 投资回报

先回答我一个问题：你多久维系客户一次？你用什么标准来计算维系成本？

答：所有的一切都来源于投资回报率。

现在，将你认为最有价值的客户列一个名单，按照年均贡献值排名。

根据每个客户给你带来的年均贡献值，你可以设定一个维系的费用标准，比如 2880 元的 10%，那么维系的费用就是 288 元。同理，如果一个客户一年给你带来的年均贡献值是 12 万元，那么你就可以每年花费 12000 元维系客户一次，也可以每个月花费 1000 元，维系客户 12 次。维系频次取决于产品的更换频次或保养周期、客户的重复消费频次、客户推荐的频次等。

除了消费周期，你也可以根据一些特殊日期，比如节日、客户生日、纪念日等来安排维系客户的时间和机会。只是无论什么时间和机会，你都要考虑自己是否有更好的价值产出和回报。

当然，你做这些并不是为了眼前的 2880 元或者 12 万元的收益，而是希望通过 288 元或者 12000 元的投入带来更多的收益。

如果某个客户无法再次给你增加收益，该怎么办呢？你就可以考虑通过调整产品的更迭频次、产品的种类、推荐的频次等方面增加你的收益。无论如何，你都应该明确每次维系的目标，并且在维系过程中务必实现这一目标。

注意，这里的目标，不是让你每次都要从客户那里获得新的订单，而是希望你能够通过更多频次的接触赢得客户的信任，从而让你能够轻松成交。

7.3.4　制订计划

现在，拿出纸笔写清楚以下内容：

- 客户购买的周期及平均客单价，并计算出每年每个客户的成交金额。
- 根据产品毛利率，测算每年每个客户的成交毛利，也可以折算成你的收益。
- 根据毛利，预估你每年、每月或每周要投资的金额。
- 根据这些金额，制订你全年的工作计划（包括维系客户的频次和维系的工作内容）。
- 如果你是零售行业的销售人员，你可以先从 10 个贡献值较高的客户开始制订维系计划。
- 当你把 10 个贡献值较高的客户维系好了，并有了持续的收益，你再选择增加维系的客户数量。
- 把所有的客户都维系起来，以维系 100 个客户为一个小目标。
- 当你做好 100 个客户的维系工作时，就可以考虑时间效率的问题，你可以从这 100 个客户中逐步剔除价值低的客户，并添加价值高的客户。

7.4　信赖——情感突破，让客户依赖

在信赖这个层级中，你要想与客户建立情感联结，就需要与客户之间有情感依托。那么，如何快速地与客户建立情感依托呢？接下来，我会分享两种建立情感依托最有效的方法："情感银行"与"存一进百"。

7.4.1　情感银行

情感银行是什么？是一种衡量你与客户关系的工具，也是维系你与客户关系的工具。情感银行的概念来源于现实生活中的银行。如果你在银行中开立一个账户，并且持续地向这个账户中存款。随着你的存款越来越多，你的

回报自然也就越来越高。然而，如果你不断向这个账户借款，你就会负债累累，直到破产。

情感银行的概念也是如此。每个人心中都有一个情感银行，其他人与你建立情感联结，就相当于你在对方心中开立了一个情感账户。

假设 A 和 B 两个人，如果 B 对 A 很好，经常做一些让 A 感动的事情，那么 B 在 A 的情感账户中的"存款"就会越来越多。随之，A 对 B 的情感就越深厚，A 对 B 的信赖程度也会越高。哪怕 B 有时犯了一些错误，冒犯了 A，但是由于情感账户中存款较多，A 也会选择原谅 B。

反之，如果 B 对 A 不好。那么每次 B 冒犯 A 时，都相于在 A 的情感账户中"提款"或"借款"。一次两次还可以，但是日子久了，B 在 A 的情感账户上的余额就没有了。这时候，A 就会对 B 厌恶至极。即便 B 后续做了无数可以温暖 A 的事情，对于 A 来讲，可能都只是在填补负债，而不会有丝毫感动。而且，这个负债的金额越大，利息越高，而 B 所做的补偿可能比利息都低。最后，无论 B 做什么，A 都看不惯，以至于两人老死不相往来。

同样，你在客户的情感银行中也会开立一个你与他之间的情感账户。你为客户提供优质的服务，未必能够在他的情感账户中存款，因为这是你应该做的。但是，如果你每次都能给客户制造一些服务之外的惊喜，就等于在客户的情感账户中存款。你的存款越多，你越能赢得客户的信赖。

再设想一下，如果你不断向客户的情感账户中存款，而且金额很大。即便你偶尔冒犯了客户，从客户的情感账户中借点"钱"，客户也会选择原谅你。甚至，客户还有可能因为你的存款多、利息高而替你考虑。

但是，如果你在客户的情感账户中本来就没有多少存款。或者，你刚开立了一个情感账户，就冒犯了客户。这时，你在客户的情感账户中的余额是负数，等于是负债，而要想还清债务以及欠债所产生的利息，估计你要付出几倍甚至几十倍的努力才能够实现。因为时间拖得越长，利息就越高，你的努力也就白费了。

这就是说，在初步建立关系的时候，务必做到快速在客户的情感账户中存款，而不是欠债。

那么，该如何快速存款而不欠债呢？下面，我要分享一套"存一进百"

的方法。

7.4.2 存一进百

要想增加情感账户中的存款，就需要不断"存钱"。其实存钱的方法很简单，那就是给客户提供超出预期的、有价值的服务，或者深化你们之间的关系。但是，到底要在情感账户中存多少钱是很难估量的。因为存款的多少取决于客户对你存款数量的主观判断。因此，你的存款如果长时间不增长，随着"通货膨胀"的增加，存款也会贬值。所以，你要做的是，快速存钱，存足够多的钱。那么，该如何才能快速存钱，并且存足够多的钱呢？

接下来，我要讲的方法可以让你做任何事都相当于"存一进百"。所谓"存一进百"，是指存一元钱相当于存了一百元钱。这是在客户主观判断的情况下，利用客户心理的一种存款方法。

"存一进百"的方法大致有四种，分别是：全心全意陪伴、用心准备礼物、身体接触、服务客户。这四种方法可以快速并且大幅度增加你的存款。

全心全意陪伴

如果你真的肯花时间在客户身上，就一定会得到回报。

你会陪伴客户吗？有的销售人员会陪着客户喝茶聊天。有的时候，销售人员只要陪着客户就好。其实，再简单一点，打开你的朋友圈看看你的客户都在做些什么。你该点赞点赞，该评论评论。我建议你对朋友圈中的所有客户都采用评论的方式回复。因为那样你的头像会出现在评论区，你的客户就很容易看到你的"陪伴"。或许，你还会获得客户的积极回应。这时候，你们完全可以聊上一两句，问问对方的近况，给予客户个人、生活、工作方面的关心。

接下来，你要思考一个更深层次的问题：你为谁付出了时间？自己、家人、朋友、同事、老板，还是客户？

你的社交圈越小，你的生意做得越小；你的社交圈越大，你的生意做得越大。如果你经常自己独处，或者只与家人和朋友交往，那么你很难拓展自己的生意。如果你经常和客户交往，花更多的时间和客户在一起，就能赢得更多的订单。所以，你需要自己去衡量，应该如何分配自己的精力和时间。

用心准备礼物

大多数人都喜欢收到礼物，你的客户也不例外。你是不是收到过一些让你食之无味、弃之可惜的礼物，也收到过一些非常好的礼物，让你爱不释手呢？

那么，你给客户准备了什么样的礼物？又是怎么送给对方的呢？

下面我介绍两种简单的送礼方法。

一种方法是赠送和你销售的产品相关的物品。比如，你是做高级定制西装的，那就送给客户一条真丝领带或一枚精致的领针。这些与服装配套的精美礼品会是客户需要的和想要的。

另一种方法是赠送客户想要但又舍不得花钱购买的物品。不过，这种情况下，就需要你特别了解客户的需求。否则，你的礼品就会成为"鸡肋"。你可以在与客户沟通的过程中了解客户的兴趣和偏好。如果客户说某件东西挺好，但是有点贵，那就是你应该选择的礼品。如果你也觉得比较贵，那就看看对你而言这个客户的投资回报率有多少。如果超过 50%，对你而言，就是一笔好的投资，而且未来还有可能带给你更大的回报。

在这个基础上，还有个小的原则可供参考：如果一定要送礼，那就用心送一次高级且精美的礼品，这样一次就能让客户记住，一劳永逸。

另外，礼品不是越贵越好，也要分场合。举个极端的例子，你刚认识一个新客户，就送他一支价值几千元的钢笔，你认为客户敢要吗？这时，如果你只是想建立关系，一张小小的手写贺卡就能表达你的心意。如果你想拉近关系，送客户的孩子一本口碑较好的儿童图书也是不错的选择。要想让客户感觉你用心了，就要从客户的只言片语中了解客户的需求，并想办法去满足。这样，客户得到礼物的时候，一定会非常开心。

记住，如今，礼轻情意重并不过时：送礼不在于价格高低，而在于你对客户是否用心。只有你对客户充分了解了，才能送出让客户感到满意的礼品。这，就是用心送礼。

身体接触

所有人都有安全距离。如果陌生人在自己的安全距离之内，人们就会感到紧张；如果在安全距离之外，人们就会比较放松。

如果你能拉近与客户的距离，那么你们的关系就会更近一步。如何做到呢？

第一次与客户见面的时候，主动握手是一个非常好的选择。

通过握手，你和客户初步建立了关系，或许还会比其他人更近一些。那么，如何测试你与客户的关系是否更进一步呢？我一直使用的一种方法就是搀扶。这个动作是这样的：用你的手臂虚扶客户的后背或上臂，引导客户落座（对异性客户不建议这样做）。搀扶之后会有两种场景：一种是客户在你的手臂范围内，接受你的指引；另一种是客户脱离你手臂的控制，不接受你的指引。

如果是第二种场景，证明你与客户之间还没有建立相对稳定的关系。同时，你的客户是一个非常敏感且比较有戒备心的人。这个时候，你需要想办法了解客户的真实需求，并有意识地建立并巩固你们之间的关系。同时，你要意识到，在没有与客户建立有意义的联结之前，你们之间交流的任何信息都不见得有价值。

如果是第一种场景，又分三种情况：第一种情况是客户跟随你的指引落座；第二种情况是客户快速摆脱你的手臂但仍然落座；第三种情况是客户用上臂或肘部抗拒你的手臂后仍然落座。这三种情况都是比较不错的，因为客户现在已经和你建立了一定的关系。

通过这种方法，你可以了解你与客户的关系处于什么样的状态。当然，你也可以继续探索与客户接触的方法。

记住，表达情感的一个必要行为就是身体接触。如果没有身体接触，人与人之间的情感就会显得没有力量。

服务客户

这里的服务客户，不仅是指你能给客户提供产品方面的价值，更是指让你成为客户不可或缺的帮手。

如果你的销售对象是企业客户。那么，与你对接的联系人就需要你的额外支持。比如，如何通过项目成果提升联系人在公司的地位，如何帮助联系人提出新的项目并通过公司批准，帮助联系人规划未来的职业发展，替联系人考虑如何通过你的产品增加企业收益。

所以，你服务的对象不光是你的客户，还有你的客户联系人，甚至还有你客户的客户。

现在，开始你的服务吧。思考你可以给客户提供什么样的价值，并将这些价值付诸行动。

以上，就是实现情感账户"存一进百"的四种方法。最后，我再强调一点：对于在情感账户存款，你一定要投其所好。这样，你才能快速地增加情感账户中的存款。

7.5 信用——预判服务，让客户惊讶

刷脸借款，凭的是信用，凭的是还款能力（最大信用额度）和还款意愿（信用系数），二者缺一不可。同样，如果你也可以通过刷脸销售，就证明你具备了满足客户需求的能力，证明你已经在自己的销售岗位上拥有了自己的"成交额度"。

在信用层级，你不仅要提升自己满足客户需求的能力，还要从更高的层次去提升自己。接下来，我就说说关于这方面我是怎么理解的。

7.5.1 "！+？"原则

我发现，"！+？"是一个非常有意思的组合。因为"！+？"原则体现了服务行业的最高标准。

为什么呢？先思考一下，作为一名顾客，你希望得到什么样的服务？你希望被尊重、被重视，对吗？你希望商家的服务超出你的预期，对吗？

如果有人问你：海底捞的服务如何？你一定会说：棒极了。

海底捞将人们对火锅店的需求服务做到了极致，做到了"！+？"。

我相信你已经明白我的意思了，"！+？"是一个象征符号。

"！+？"表现了零售与服务行业的真实状态，客户的反应一定先是震惊，再是疑问："太棒了！你们居然还可以提供这样的服务啊？"我想，这是对"！+？"最好的解释。

7.5.2 "!+?"服务

服务的状态大致分为四类：第一类是不服务，第二类是不应承式服务，第三类是应承式服务，第四类是"!+?"服务。第一类是由于条件限制无法满足客户的需求。第二类是具备服务的能力，但是服务人员没有直接提供服务，而是转为其他形式的服务，因为没有直接满足客户的需求，所以称为"不应承式"服务。第三类是依据客户的需求提供了服务，直接满足了客户的需求，所以称为"应承式"服务。第四类是依据经验和对客户需求的预判采取的服务行为，满足了客户的需求，所以称为"!+?"服务。我用一个实际案例解释一下这四类服务的区别。

- 客户让你帮忙倒水，你告诉客户你这里没有水，属于不服务。
- 客户让你帮忙倒水，你告诉客户饮水机就在那里，让客户自己倒，属于不应承式服务。
- 客户让你帮忙倒水，你帮客户倒好水，属于应承式服务。
- 客户没让你倒水，你就主动给客户倒水，还给客户提出了更好的建议，属于"!+?"服务。

不是每个人都具备"!+?"服务的意识，就连我自己在做销售的时候都不完全具备。

那么，该怎样提升"!+?"服务的意识和能力呢？很简单，只要做到一点：推己及人。也就是说，你希望别人怎样为你服务，提供什么样的服务，你就按照这样的方式去服务客户。这样的方法简单有效，而且不烧脑，也不会产生更多的成本。

你将自己想要的服务写下来。然后，你重新审视一下自己的销售过程，标注出你想要解决的一个服务内容。

接下来的一周时间，将这张纸放在你能看到的地方。每天早晨起来看一遍；晚上睡觉前看一遍；平时有时间也多看几遍。总之，让自己天天想着这件事情。

无论什么时候，你都专注于这件事，每天总结一下自己在哪些环节本来可以做到却没有做。在下一次的销售过程中，你要尽力做到。

记住，即便你觉得这样做很难，你也一定要坚持下去。因为只有坚持，你才会看到结果。

一周结束之后，重新审视这件事，总结一下：你是否自然而然地做到了？不要欺骗自己，问问自己如果被服务的那个人是你，你觉得这样的服务怎么样？如果不满意，那就在下一周继续做这件事。为什么还要继续做呢？因为你只有做到从内心认可这件事情，才能让客户感受到你真实的情感，客户才会感到满意。直至你将这个服务做到自然而然，接着选择下一个服务内容再来一遍。

以上就是"！+？"服务的提升方法。你可能会感叹"！+？"服务的难度好大啊！但是，正因为"！+？"服务的难度大，才让你有机会超越其他的销售人员，拥有源源不断的客户资源和订单。我认为，这是一件非常值得去做的事情。不是吗？

7.6 信誉——品牌塑造，让客户无忧

信用的累积，最终会形成信誉和口碑。但是，人难免会有失误。这个时候，你就要面对信誉冲突了。不过，应对信誉冲突，是信誉这个层级的常态化工作。当你因失误犯错的时候，就是被客户监督的时候，也是你维护信誉的时候。

接下来，我要探讨的不是如何建立信誉，而是探讨当你失误的时候该如何维护信誉。

7.6.1 信誉冲突

你的失误会带来不同程度的信誉冲突，主要的冲突有三种：异议、抱怨和投诉。

（1）异议：是指客户表现出与你不一样的看法，或者对你的说辞不认可。

很多管理者或销售人员并没有意识到异议是信誉冲突的第一个层级。所以，他们很少关注客户的异议。如果销售人员没有处理好客户的异议，即使

客户购买了产品，也可能会出现抱怨或投诉。所以，处理异议是避免信誉冲突的第一步。

（2）抱怨：是指客户口头提出不满但并没有提出补偿损失的要求。注意，抱怨很多时候会带有情绪。

这里有必要说明一点，并不是客户明确向你提出不满，才算抱怨。客户隐藏的抱怨也应该计算在内，比如，客户自言自语对服务或产品表现出的不满。

（3）投诉：是指客户因利益受损而提出的弥补损失的要求。

· 利益受损，既包括物质层面，也包括精神层面。

· 弥补损失，与利益受损一样，也包括物质层面和精神层面。

客户要求弥补的损失，除物质层面的损失外，还有精神层面的损失。如果你仅以物质受损的标准来赔偿客户，很多时候不但不能解决问题，还会激化矛盾。

在此，我要强调的是：客户会抱怨、投诉，是因为客户的利益遭受损失了。客户是选择抱怨还是选择投诉，是根据客户对利益损失的承受能力而定的。所以，你要记住，抱怨和投诉都是因为你已经给客户带来了损失。

当然，投诉可能还会引起更高级别的冲突：正面冲突。

正面冲突是指客户因自己投诉的问题没有得到解决，从而采取的一些过激行为。这个时候，你需要的是集体公关，因为你个人已经解决不了了，需要团队协作。

在信誉冲突过程中，有时还伴随着负面传播。

负面传播是指客户在利益遭受损失时的一种发泄行为，是伴随着客户抱怨、投诉、正面冲突产生的。所以，对负面传播的处理是从处理客户异议开始的。负面传播与正面冲突一样，都是需要团队去解决的问题。

如果你能很好地处理客户投诉，信誉冲突就不会升级，客户的负面传播就不会发生。如果不好好应对信誉冲突，你就会遇到更麻烦的事情。所以，接下来就说说如何应对信誉冲突吧。

7.6.2 应对异议

在面对信誉冲突时，最佳的应对策略就是预防，而预防的最佳时机就是当客户出现异议的时候。下面，我要介绍一套应对异议的方法，既可以有效预防，也可以促进成交。

要知道，客户的异议，本质上是客户内心想法的语言呈现。也就是说，客户说出了问题，其实就是给你指明了路让你走。如果你不上道，那就别怪人家不客气了。

客户指的路是什么呢？就是客户表达异议前的一系列思想动作。你需要按照客户的思想动作应对客户异议。这里，我提供一组我认为不错的处理客户异议的方法：明确内心的标准→认可客户的观点→拓宽对比维度→重塑评价体系→强化客户的认知。

明确内心的标准

处理客户异议的首要条件是你要明确客户内心的标准。如果不知道客户内心的标准，就好比不知道箭靶在哪里。如此一来，你还怎么处理客户异议？

我推荐这样一组处理客户异议的方法：澄清→转述→解决。这组方法其实并不能实质性地解决客户的异议，但是它可以挖掘客户内心的标准。

澄清就是通过提问的方式挖掘客户内心的标准。比如，客户说你的产品比别人卖的贵。前面说到过，贵有很多种情况，你要从客户的角度来分析贵的原因。

就算客户很明确地与某个具体的产品做比较，你也不能直接反驳客户。这时候，你需要从不同的角度了解情况。比如，客户什么时候问的价格，在哪里问的，向谁问的价格，当时的优惠政策是什么，等等。当然，这些你可能早就知道。但是通过这样的提问，可以引导客户确认自己内心的标准。

接下来，你需要再次确认，也就是转述。转述，不是把客户的话重新说一遍，而是用自己的语言重新描述客户所说的话，并与客户确认你的理解是否正确。找到客户内心的标准后，你就可以了解问题所在，就可以找到解决方案了。

看到了吗？你需要不断重复，直至确认到客户内心的标准。

认可客户的观点

当你了解客户内心的标准之后，不能马上处理异议。因为，你还没有扫清客户内心的障碍。这时候，你需要做的是赢得客户的信任。所以，你要表现出对客户的认可。拥有同理心，就是一个非常重要的方法。

认可客户的观点，不代表你同意客户的异议。认可是为了表达同理心，告诉客户你能够理解他的想法。

看下面的选项，选择一个你经常采用的话术：

A. 我很理解您的感受。

B. 我很理解您的感受，如果是我的话，我也会有这样的想法。

C. 我很理解您的感受，上周我也有过类似的经历，我当时跟您的想法是一样的。

你认为哪一种表达方式更好？你的回答一定是 C，为什么呢？

A 是平铺直叙；B 是以假设或者想象的方式阐述；C 是以联想的方式阐述。

联想就是将目前的情况与自己过往的经历联系起来，找到自己经历过的类似的事情，再回想自己当初是如何做的。根据自己的经历，联想到客户目前的需求。所以，联想就是从自己的大脑中提取相关经历。

当你用这样的方式与客户沟通时，客户会认为你能够理解他，并且能够接受他的观点。这样，你就可以引导客户既能在情感上与你产生共鸣，又能认可你的建议。只要你能认可客户的观点，客户就会感到自己被理解了。一旦客户认为你和他的思维一致，他也会认可你的观点，甚至会信任你这个人。

接下来，就到了核心环节——拓宽对比维度。

拓宽对比维度

现在，你和客户已经拉近了关系。你要拓宽对比维度，让客户把更多的要素考虑进去。

运用比较法，可以帮助你打开客户的内心。比如，客户想买竞争对手的 B 车型，销售人员可以这样说：

"您刚才说是因为 B 车型空间大，才选择 B 车型的。那您看我们 C 车型的空间会更大一些。由于座椅的设计不同，坐进去的感觉相对更舒服，空间也更大。来，您先坐进去试试吧。"

当客户进入车内，你就可以提供更多维度的对比方案。要知道，只要客户开始体验，你就有了提供新维度的可能。

如果客户仍在考虑价格问题，你就可以引导客户考虑价格和价值的关系，或者考虑购买成本和使用成本的关系。比如，说说购买成本和使用成本的关系。购买成本都是一次性的，价格是多少就是多少，但是使用成本不同，汽车最大的使用成本是折旧。每年车辆折旧的费用一定比油费和保养维修费等要高得多。一般来说，质量好和价格高的车辆，折旧成本会相对较低。这时，你向客户提及这方面的信息，就是帮助客户拓宽了思考维度。

你将客户的思考维度拓宽之后，可以帮助客户重塑评价体系。

重塑评价体系

重塑评价体系，就是一个将有利于你的外部信息和客户内心的标准重新整合，针对你所提供的价值，让客户自己做出重新评价的过程。注意，这个过程是要引导客户关注他以前没有关注的事情，从而强化客户的自主权，而不是剥夺他做决策的权力。

在整个异议处理过程中，其实你已经让客户了解了很多不同维度的决策要素。这个时候，你需要再次引导客户全面思考，从而强化客户大脑中的整体画面感。

强化客户的认知

当客户形成整体画面感的时候，就是你要加一把"火"的时候。这时，你就要强化利益。比如，你可以再次描述产品给客户带来的价值，也可以描述你的服务价值，还可以描述你在拓宽对比维度过程中所提出的购买决策要素。

假如你在和客户交流的过程中了解到客户特别喜欢带孩子出去旅游，但是由于费用比较高，所以一年只能去一次。这个时候，你可以继续强化客户的认知。

"张先生，您前面也说了喜欢带孩子出去玩。如果您购买我们这款车，每年省下来的折旧费用，都够您带孩子出去玩一次了。"

这就是在强化客户的利益。只有做到这一点，你才能赢得客户的心。

到这里，异议处理的相关内容就结束了。不过，我还要强调一点：对于任何一种销售技巧和工具，你都不要片面地去理解它。

有了这套异议应对的方法和逻辑，你就可以有效预防和应对异议了。接下来，我们看看如何应对颇有杀伤力的信誉冲突——抱怨。

7.6.3　应对抱怨

前面已经说过，抱怨不仅包括客户口头向你表达的不满，还包括客户自言自语中表现出的不满。由于有些抱怨不易察觉，以致很多销售人员不知道自己为什么没有成交。所以，销售人员一定要时刻保持警觉，观察和仔细倾听客户表达的信息，只有这样才能很好地应对客户的抱怨。

可以这么说，抱怨是异议的升级。但是，抱怨和异议的差别在于有无利益损失。客户抱怨的前提是有了利益损失。所以，当客户产生抱怨时，你一定要很快解决。否则，客户的利益损失可能会增加。与此同时，你的成交难度也会随之增加。

应对抱怨，已经不能像处理异议那样简单了，虽然异议处理的流程比较复杂，但是解决起来压力不大。而如果没有很好地解决抱怨，就很容易导致客户投诉，甚至带来很多负面的影响。这种压力和应对异议时的压力是不一样的。

另外，客户的抱怨有时属于试探性的行为。他希望能够获得一定的补偿，但是又不知道这么做是否合适。所以，他会用抱怨来试探销售人员的反应。不明智的销售人员会充耳不闻，因为一旦关注了客户的抱怨，就要想办法解决，可能会产生一定的成本。而明智的销售人员和管理人员就会想办法将问题扼杀在摇篮里，及时处理客户的抱怨，满足客户的需求，因为这时候解决问题的成本是最低的。还有一种情况就是，客户抱怨是为了得到你的关注和尊重。

所以，这里我所提供的应对方法就是为了让客户感受到被关注和被尊重，这套方法就是 FASHION（Focus、Ask、Simplify、Hear、Idea、Opinion、Nod）法则。

- Focus（关注）。当客户提出抱怨时，你一定要十分关注。你一定要让客户感受到你已经关注到他的抱怨了。这时，客户心里就会感受到被尊重、被认可。同时，他也会对你的关注表现出一丝好感。

- Ask（提问）。当你的关注引起了客户的关注时，你就需要提问了。提问的方式很简单，就是针对客户所说的内容提问或者向客户确认其所表达的信息。

- Simplify（简化）。如果客户说出了一个理由，你千万不要认为这就是答案。注意，很多时候客户说出的第一个理由未必是真的，有可能是试探性的。所以，你要用简单的问题向客户确认这个理由是否是真的。这就需要将客户的很多描述简化为一个观点。27 字箴言中的"所以说"在这里可以派上大用场。

- Hear（倾听）。倾听，不仅要听，还要记在心里。简单来说，就是听进去。这个过程会伴随着提问。当你向客户提出问题，在客户还没有回答完毕的情况下，你一定要认真听，而且要听进去，你可以边记录，边确认。如果你不做记录，你可能听不完整。因为你在听客户说的时候，你的大脑会快速做出反应。大脑的反应是非常快的，你可能会一瞬间想出无数个应对方案。这会使你没有精力去听客户后面说的内容。同时，因为你的大脑在高速运转，所以短期记忆模块会不断存储你的新想法。这时候，你根本不可能记住其他信息。这就影响了你对信息的理解。

- Idea（提供建议）。如果你已经了解了客户的需求，你就可以根据自己的销售经验提供一些建议和解决方案。这时候，你提供的方案一定要强调客户所得的利益。这样，客户才更容易接受你的建议和方案。

- Opinion（确认客户意见）。当你提供建议后，一定要征求客户的意见。看看客户是否接受你的建议。如果客户不接受，你就要再次与客户确认其要求并不断修正自己的建议，直到客户认同。如果客户接受，就可以进入下一个阶段。

- Nod（达成共识）。当你与客户都对你提出的建议感到满意的时候，双方就可以根据建议确定后续的行动计划，并针对行动计划达成共识。

这就是针对客户的抱怨引发的一场交流。在深入了解客户的需求之后，你就可以通过这样的方式引导客户从抱怨转移到成交的商谈上来。如果你可以从抱怨的角度看到成交的机会，证明你已经能够有效应对客户的抱怨了。

接下来，你要面对的将是至关重要的工作——应对投诉。

7.6.4　应对投诉

当客户对产品不满时，是采取抱怨还是投诉的方式，并不取决于这个产品带来的损失，而在于客户对这个损失的承受能力。因此，当客户明确提出投诉的时候，就是他已经无法承担损失了。所以，你在应对客户投诉的时候，要做好赔偿的准备。因为这是你维护信誉最有效的方法。

所以，你要认真学习如何应对客户投诉。其实应对客户投诉很简单，只要四个步骤便可以解决绝大部分的投诉问题。

（1）向客户表达谢意，给出一个你会全力解决问题的承诺。

（2）表达同理心，陪伴客户。

（3）询问客户事情发生的过程及现状，并且不断确认。

（4）提供方案或建议，并确认是否公平。

你先向客户表达谢意，给出一个你会全力解决问题的承诺。这句话包括两个动作：表达谢意和承诺。

为什么客户投诉了，你还要表达谢意？请先回答我一个问题：你在投诉的时候，销售人员的第一反应是什么样的？或者你见过的应对投诉的第一反应是什么样的？

销售人员在处理投诉的过程中，经常表现为两种情形：一种是没有缘由地承认错误，另一种是命令客户做事情。

什么是没有缘由地承认错误？就是一味道歉。客户一投诉，你就道歉。只要道歉，无论客户投诉的内容是不是真的，你都要承担责任。这种道歉无形当中让你处于非常不利的局面。而且，你越不停地道歉，客户的不满情绪就越强烈。因为只有道歉没有实质性的补偿动作，会让客户更加烦躁。这时，客户就无法继续和你沟通，不想听你的任何解释，也不想听你的任何建议。

而这个时候，你只需对客户说一声"谢谢"，客户的感受就完全不一样。他会觉得你和别的销售人员不一样：别人都被动接受，只有你在主动反馈。那么，接下来他就很愿意了解你将会怎么做。

别看这个动作简单，它却解决了客户投诉过程中最重要的一个情绪问题：焦虑。

你有过这样的经历吗？有的客户投诉时本来很平静，但是和销售人员沟通后突然大发雷霆；或者有的客户投诉的时候很愤怒，但是沟通后突然平静下来了。

为什么会这样？因为客户意识到了某些情况可能会带来不好的结果。所以，他马上采取了另一种应对方式。或许，客户在心平气和沟通的时候，发现你根本没有提供任何有价值的建议来弥补他的损失，像是在敷衍他。于是他就采取了不同的策略，用大发雷霆来吸引你的注意。也或许，客户在怒气冲天的时候，发现这样做可能对他很不利，所以他就平静下来了。

另外，千万不要命令客户做事情。很多销售人员根本没有意识到，自己的一句话会让客户感觉这是一种命令。比如，你让客户坐下来慢慢说。

想象一下，如果你在非常气愤的情况下去投诉，对方不但没有解决你的问题，还一直让你慢慢说，你会有什么样的反应？我想你一定会更加愤怒。那么，你要做的事情只有一个——正面回复客户，而不是命令客户。只有客户对你认同了，你才能用一些安抚的言行让客户冷静下来。

所以，谢谢客户的投诉，不仅是给客户一个正面的反馈，也是给客户一个正面且积极的肯定。这时候，客户会消除一部分焦虑的情绪，能够以平和的状态与你交流。

那么，为什么要向客户承诺呢？注意，这里我没有让你承诺给客户赔偿，而是让你承诺尽全力帮助客户解决问题。

你只需向客户承诺，就能解决客户的另一个情绪：担心。客户担心什么呢？客户担心没有人去解决问题。当你承诺客户你将陪伴他解决问题时，客户就有了"抓手"。最起码他相信会有一个好的结果，因为出现了一个负责任的人在帮忙解决问题。

接下来，就是表达同理心，陪伴客户。这句话就一个动作：通过言行赢得客户的认同。

然后，询问客户事情发生的过程及现状，并且不断确认。这个动作可以与第二个动作调整位置，视实际的情况而定。这个动作只是在做两件事：提问和确认信息。

　　提问和确认信息的过程，会大大加速客户情绪能量的消耗。如果你只是提问，不去确认，就只是单项被动地让客户消耗情绪能量；如果你提问之后再确认，就会双向主动地让客户消耗情绪能量。

　　最后一步，提供建议，并确认是否公平。确认是否公平，是达成共识的前提。

　　需要注意的是：你前期提供的建议不是一个解决方案，而是一个解决流程。你要告诉客户你将要做哪些事情，以及需要客户配合做哪些事情，让客户明确后续事情发展的进程。只有客户同意你的解决流程，你才能进入提供解决方案的环节。这一步非常关键，因为你不需要马上给客户一个答复，而是在充分获取信息之后，根据实际情况提供有效的解决方案。

　　这个步骤，其实是在解决客户的另一个情绪：害怕失去控制感。当你能够给客户非常明确的解决流程时，客户就有了方向，就有了控制感。他可以知道事情在什么时候会发展到什么阶段，也可以知道在什么情况下联系谁。这让他有一种安全感。所以，你要做的是让客户从恐惧中摆脱出来。

　　以上，就是应对客户投诉的四步法。如果运用得当，你就能快速解决30%的客户投诉，并且获得更好的客户满意度和口碑。如果你的赔偿方案设计得当，那么你还能解决40%~50%的客户投诉。剩余的20%~30%客户，很可能就是奔着赔偿来的，这是不可避免的。所以，针对这部分客户，你要实打实地做好关于赔偿的谈判工作。关于赔偿标准，每个企业都有自己的规定，这里就不再赘述了。我只强调一点：你想获得什么样的服务，就去做同样的事。

7.7　信仰——活出态度，让客户追随

　　信仰是什么？是你的生活态度、人生态度、工作的态度和面对客户的态度。你有什么样的信仰，就会有什么样的客户追随你。你要想让客户追随你，就要有自己的信仰。

7.7.1 你的信仰

你的信仰是什么？你是为了什么而活？如果你的信仰是金钱，那么你一定是一个尽量压低成本、提高产品价格的商人。如果你的信仰是大家一起赚钱，那么你一定是一个能够将利益分给伙伴的优秀合伙人。如果你的信仰是为客户创造难以想象的价值，那么你一定是一个不断研究和满足客户需求的优秀企业家。

我认为，你的生活方式就是你的信仰。如果你不满意自己的现状，你就要改变它。如果你不满意自己与客户之间的关系，你就要正视自己和客户之间的问题，并从中思考你的信仰是什么，你是因为什么而与客户的关系不融洽的，你又该如何面对这个问题，从而改善与客户的关系。

好了，你已经明确了自己的信仰，请将其公布于众吧。看看，有多少客户会慕名而来。

7.7.2 相伴成长

有了信仰是非常好的事情。但是，要想一直坚守这个信仰，需要周围人的支持。作为一名销售人员，你的职业生涯很长，可以用一生来度量。你需要寻找可以托付终身的伙伴，与你一起前行。我认为在商业领域，这个伙伴不是你的同事，而是你的客户。

记住，你要与你的客户相伴成长。为了你的客户，你需要成长；同时，你的客户成长了，也会促进你的成长。真正优秀的人，永远不会放弃成长的机会。

现在，你就做出一个承诺：与你的客户相伴成长。你若能帮助你的客户立于不败之地，那么你就能立于不败之地。这样，你的客户才会追随你。这样，你才能够坚守你的信仰。

第四篇
热情

在我看来，热情是建立在梦想之上的，更是建立在现实之上的。如同燃烧的火焰，热情之火也需要不断往里面加炭，如同梦想需要不断浇灌一样。只有梦想一步步实现，你心中的热情才不会消散。

接下来，我会告诉你如何找到自己的热情，如何让自己的梦想实现，以及如何让自己的人生过得有意义。更重要的是，我要让你重新认识自己，活出自己真正想要成为的样子。

第 8 章

"三做"成长闭环，
助燃你的生命之火

很多时候，人们经常会迷失自己。为什么？因为忙于生活，人们很难静下心来思考自己的初衷是什么，生活的意义又是什么。

你做销售，是为了钱，还是为了其他什么原因？就算是为了钱，也没有什么不好意思。谁不需要钱呢？但是，你真的是为了钱才工作的吗？如果你真的是为了钱，为什么不去拼命想如何成交呢？为什么不去思考如何维系客户呢？为什么不愿意面对销售的挑战呢？为什么不能给客户再多打一个电话呢？所以，你做销售，真的是为了钱吗？你要好好地思考这个问题。如果不是为了钱，到底是为了什么？

你真正想做的是什么呢？你真正能做的是什么呢？你真正该做的是什么呢？接下来，我会提供一个成长闭环，我称之为"三做"成长闭环，如图8-1所示。"三做"成长闭环中的三个圆圈分别是想做、能做、该做。有它在手，你一定不会迷失自己。我会分别介绍每个圆圈的价值和作用，让它助燃你的生命之火。

图 8-1 "三做"成长闭环

8.1 想做——心中的热情

在日常工作中，我总会和客户确认一个关键问题：客户到底想不想做。如果不想做，我们就没必要继续合作了。原因很简单，如果客户不想做，那么达成目标就是一件不现实的事情。当然，我会想办法引导客户想做；但是否做，仍然是客户说了算。想不想做，在很大程度上决定了一件事是不是能做，是不是能做好，是不是能做得长久。所以，你要经常扪心自问："我到底想做什么？"

8.1.1 实现梦想的动力

你的梦想是什么呢？问问你自己，你想做的是什么？可能，你还不知道自己真正想做的是什么。不过，就算你知道自己想做什么，也未必就是你真正想做的。再说一遍：你认为你想做的事，未必是你真正想做的事。

你想做的事情，是你的驱动力。因为只有念念不忘的事情，才有舍弃一切都要成功的决心，才能在不断的挫折中砥砺前行。我在进入咨询行业之前，就一直扪心自问：我到底想要什么？什么才是我真正渴望的？为了实现目标，我可以放弃什么？实现了这个目标，我会有什么样的变化？当我反复问自己这些问题时，心头就不由自主地燃烧起火焰。就是这团熊熊烈火烧得我无法平静，让我必须行动起来。我这才成了一名培训师。之后，也正是这团烈火不断地燃烧我，让我一定要去做点什么。我就开始写文章，写公众号，写书，最终将这本书呈现在你的眼前。我的同事、我的学员都曾经问过我这样的问题：杨老师，你不累吗？看你都没有时间休息，这么熬受得了吗？我告诉他们，当你们胸中有团烈火燃烧的时候，你们就知道我为什么会有如此大的动力了。

8.1.2 找到人生的意义

为了帮你找到自己心中的那团火，我将分享两个非常重要的方法：找到激情与放飞自我。

找到激情

现在，请关闭周围所有的干扰源，将手机放在一边设置成静音，甚至关机。你最好离开这些干扰源，找一个什么都没有的安静的地方。在你面前，放一张纸和一支笔。

接下来思考这样的问题：在过去的这些年里，无论是十几年还是二十几年，甚至是三四十年，有没有什么事情，可以让你三天三夜不睡觉，还像打了鸡血一样亢奋，废寝忘食；并且，在你终于完成这件事的时候，你长舒一口气，心满意足地看着自己的成果，感觉这成果就是自己的"孩子"；当别人赞美你和你的成果时，你会和他们侃侃而谈，想把自己的"孩子"夸到天上去。那场景，就如同你在为你的工作成果代言。

你先不要想这件事是工作方面的还是学习方面的，是压力大还是压力小。这些都不重要，只要是能够让你三天三夜废寝忘食的事情都可以。

将所有的这些事情写出来。注意，是所有的事情。你一定不止一次有过这样的经历。而且，我相信你经常会有类似的经历。

之后，审视这些事情，看看它们之间有什么共性。这个共性，就是你真正的驱动力。共性越聚焦，就越能找到既适合你，又让你充满激情的事情。比如，我喜欢阅读、思考和写作。通过不断汲取书中的养分，我的生活或工作有了某种成就，这让我充满激情；我深入思考突然灵光乍现，这也让我充满激情；我把这么多年的沉淀用文字表达出来，这也让我充满激情。

将所有这种让你充满激情的经历写下来，仔细思考其中的共性，你就一定能够找到你的热情所在。

放飞自我

下面，我就教你如何放飞自我。

现在思考一个问题，如果你已经实现了财富自由，完全不用为生活出卖自己的时间，你会做什么？或许，你从未想过这样的问题，所以一时之间无法回答。那就闭上眼睛，花点时间想一想，再继续往下看。

睁开眼睛，我来告诉你。当你实现财富自由之时还心心念念的那些事，就是你真正想做的事，也是你热情之所在。所以，用这样的方式去寻找自己的热情，也是一种非常不错的方法。这个方法一共分为三步：

第一步，写下你喜欢的事。

首先，你要把你喜欢的一切事情列出来。其次，将所有列出来的事情，按照你的喜欢程度排序。最喜欢的放在最上面，相对不喜欢的放在下面。有时候，可能几件事情是并列的，那就并排写下来。最后，将排在前五名的事情按照喜欢程度再次排序。无论是不是同样喜欢，一定要有一个先后顺序。这个时候，你可以用删除法排序，选出你认为自己最喜欢的五件事情。

第二步，写下你希望接触的人。

你可能喜欢很多不同类型的人。现在我给你一些思路，可能你会更容易写出来。比如，你喜欢与公司的同事接触，或者你喜欢与陌生人打交道。你还有可能对某个领域的人特别感兴趣，比如自由职业者、记者、律师等。当然，你还可以写下某类人的特征，比如正直、幽默、阳光、积极、睿智……总之，写下你希望接触的所有不同类型的人。然后，同样将你认为自己最喜欢的前五类人按照喜欢的程度重新排序。

第三步，写下你希望通过什么行为帮助别人（能具体到某个动作就更好了）。

你是希望通过教育的方式帮助别人？还是希望通过演讲分享心得的方式帮助他人成长？抑或是喜欢通过数字化工具帮助企业转型和提升效率？总之，这些是你喜欢的方式和方法。无论什么样的方式，都是你偏好的。然后，同样将最重要的前五种方式按照喜欢的程度排列出来。

好了，现在你有了最喜欢做的事情，有了最希望交往的群体，有了最喜欢的帮助别人的方式。然后，将它们分别组合成一句话，这就是你想做的。

我以自己为例来说一下。

首先，我喜欢做的第一件事情是深入思考或者头脑风暴。针对一个问题，我会通过持续思考找到我认为正确的答案。我认为自己所思考的东西可以帮助别人，就想将它们分享出去。所以，我喜欢做的第二件事情是分享自己的想法。我喜欢做的第三件事情是写作。写作可以将我所有的思考过程和结果记录下来，成为我的积淀。这些积淀可以在我需要的时候，随时为我所用。我喜欢做的第四件事情是得到别人的认可。每当我在课上分享我的所得，都会得到学员的积极反馈，这让我更加乐于分享；我在公众号上写的文章都会获得很多朋友的点赞，这让我更愿意写下去。我喜欢做的第五件事情是帮助他人。看着自己帮助的人能够成长并找到自己的方向，我就非常有成就感。这样的成就感，又会让我更加乐于帮助更多的人。

其次，我喜欢所有想要成长的人。我喜欢的第一类人，也是我接触最多的人，就是销售人员和销售管理人员。我认为销售人员是一群非常聪明的人，他们可以很快理解我的方法，并且能够实现成长。我喜欢的第二类人是各类投资人。他们是我最喜欢与之进行头脑风暴的一群人。他们提出的问题质量非常高，可以促使我深入思考，并促使我给出切合实际的答案。这让我很有成就感。我喜欢的第三类人是学生。我一直对学生，尤其是大学生与社会的接轨有很大的担忧，一直希望帮助他们从学校到社会能平稳过渡。我喜欢的第四类人是刚步入社会的职场新手。这类人如同海绵一样，有非常强的学习能力和意愿，非常值得帮助和培养。我喜欢的第五类人是那些寻找人生意义和方向的人。他们想要变得更好，却没有努力的方向。他们已经意识到自己需要改变，也是一群值得帮助的人。

最后，我喜欢帮助别人的方式按照顺序来说，分别是：一对一的指导→一对多的培训→咨询→写作→研讨。

所以，结合上面的分析，我总结了三个人生目标：

（1）我想通过培训、辅导和写作的方式帮助销售人员掌握成交方法，提升销售能力。

（2）我想通过咨询的方式帮助企业主或职业经理人找到有效的盈利模式，提升业绩。

（3）我想通过建立自己的课程库，帮助那些没有资源的学生创造平等学习的机会。

为了聚焦人生目标，我总结出人生最重要的一件事是：通过不同的方式、方法赋能个人成长。因为我更看重的是人的成长，而不是企业的成长。相对于解决企业的问题来说，我更喜欢解决人的问题。

接下来，你是不是也可以用这样的方式为自己的人生找到自己想做的事情呢？

8.2 能做——天赋的条件

现在你已经找到了自己想做的事情。不过，有了想做的事情，还要看你能不能做。如果不能做，那也是白日做梦。

"能做"包含两个方面：一方面意味着你有能力被别人托付；另一方面代表了你的天赋。能够被别人托付，说明以你现在的能力可以做到但你自己还没有意识到，你的天赋是不可预知和限量的，是你未来发展的关键。下面，我们就谈谈你现在具备但还没有意识到的能力，以及那些隐而未现的能力。

8.2.1 实现梦想的条件

如果你中了 500 万元彩票，对你而言是好事还是坏事呢？这个问题好像很难回答。看起来，中了 500 万元彩票，当然是一个好事。可能有些人会用这 500 万元实现人生理想。但是，也有些人最后却落得倾家荡产的下场。同样是中了 500 万元彩票的人，差距为何会这么大呢？这是因为每个人管理金钱的能力不一样。

如果你具备了管理 500 万元的能力，那么你就可以利用它们创造更多的价值。如果你不具备管理这笔钱的能力，那么最后也留不住它们，甚至这笔钱还会带走你已经拥有的一切。

所以，如果你的梦想是实现财富自由，你就需要具备管理财富的能力。同样，如果你想成为一名优秀的商人，就需要掌握商务运作模式。如果你想成为一名短跑健将，在具备天赋的同时，你还要充分掌握短跑技能。也就是说，你的一切能力都是你实现梦想的前提条件。当你具备了这样的条件时，梦想自然就能实现。

不过，很多人终其一生都不知道自己能做什么，所以才庸庸碌碌过了一辈子。这是我不希望看到的。所以，接下来我就分享一下可以帮你找到天赋的方法。

8.2.2 找到天赋的方法

我在前面说过，你的能力是由你现有的能力和未知的天赋组成的。为了找到天赋，我给你提供两个方法：一个是汇总提炼法，用于挖掘你的能力；另一个是特质探寻法，用于挖掘你的天赋。

汇总提炼法

前面说到过，你学什么东西比较快，你理解什么东西比较快，你做什么事情经常得到赞扬，就是你能做的事情。但是，你需要深入思考，什么才是你真正擅长的？

现在，找出一张 A4 纸，在上面写出一个问题：我擅长什么？用 3 分钟的时间，快速思考并记下你脑海中一闪而过的所有你能想到的能力。

在写的过程中，千万不要因为评估自己是否具备或具备多少这个能力而放慢书写的速度。想到什么就写什么。仅仅是脑海中一闪而过的想法也可以快速写下来。你只需要写，不需要思考。因为你能快速想到的事情，就是你平时在做的事情，而且是记忆深刻的事情。

在你全部写完之后，这页纸上应该是密密麻麻的了，上面全是你列出的自身的能力。然后，把这张纸拿远一点，看着上面的字，哪些字很重很清晰，哪些字很轻很淡。如果真有这样的区别，就证明你在写的时候，潜意识中已经将它们分为更加擅长的和擅长的。

接下来，还是拿远一点，最好是你的笔刚好能够在纸上写字的最远距离。你开始看纸上所写的内容。哪个能够让你心中有那么一丝跳动、一丝雀跃，你就把它标注出来。这一轮下来，你会看到很多内容被淘汰，但是仍然有不少的内容被保留下来。

为什么让你去标注那些能让你内心雀跃的能力呢？因为那些能力，就是你经常因此获得夸赞和让你拥有成就感的能力。那些能力可以让你获得较高的赞誉，这是证明你能力的最客观的表现。不过，其中也会有些你自认为不错但别人不认可的能力。这都没问题，我们继续下面的动作，你慢慢就会提炼出自己的核心能力。

把这些被你圈出来的能力重新誊抄到一张新的 A4 纸上。然后，重新审视这些内容，再把那些曾经让你获得夸赞的能力标出来。这样，可能就只剩下少数几个能力了。这些被标出来的能力，就是你真正有价值的能力。接下来，你需要做的是不断磨炼这些能力，并且放大这些能力的影响力。这样，你的能力将会越来越强，就会成为你的优势。

以上，就是汇总提炼法的运用。这种方法有点偶然性，很多时候，会受到你当下心境的影响。所以，没事多做几次，隔一段时间做一次，几次之后做个总结，你就会找到你真正具备的能力。下面，我们看看另一种方法。

特质探寻法

特质探寻法是基于你过往的经历并深入挖掘提炼共性的方法。

现在，拿出写着你"想做"的事情的那张纸，然后，你只需要做一件事情：在你圈起来的事情中，找出你最能胜任的事情。也就是说，找出你不仅喜欢做，还做得非常好的事情。

为什么要这么做呢？因为，很多时候，不是因为你喜欢它才去做，而是因为你能胜任，做起来更有成就感，所以你愿意去做。如果有你真心喜欢也能够完全胜任的事情，你就把它找出来，并对照着看看哪个方面的工作更适合你。这时你就会发现，自己喜欢的事情后面隐藏着自己能做的工作。而且，这个能做的事情，是你自然而然就能做到的，以至于你都没有把它当回事儿。

比如，你比较喜欢思考，并且经常会做一些创意手工，你的朋友们都很赞叹你的创意，那么，创意类的工作就比较适合你。又比如，你特别喜欢解决问题，并且在解决问题的时候，你觉得特别兴奋，就像做 1+1=2 算术题一样简单。就连你的领导、同事、下属都认为你有非常强的解决问题的能力，但是你却不自知。那么，解决实际问题、推进项目等运营方面的工作就比较适合你。再比如，你喜欢写作，复杂的概念在你那里就变成了通俗易懂的故事，那么，创作方面的工作就比较适合你。

因为能做的事情经常与想做的事情是共存的，所以多数情况下在你想做的事情中隐藏着你的天赋，这就是特质探寻法的逻辑。

大多数情况下，有些天赋即使是天赋，也需要磨炼，才能以能力的形式表现出来。可惜的是，大多数人因过早地放弃磨炼，最终也没有显现出天赋来。有时候，你认为很容易、很正常的事情，对于别人来说是很难的事情。这些你做起来容易的、正常的事情其实隐藏着你的天赋。你需要把隐藏的天赋挖掘出来，并且不断磨炼它们，直至它们成为你的能力。这样，你才能聚焦自己的优势，实现从"能做"到"想做"，再到"能做"的良性循环。所以，我将特质探寻法教给你，希望能帮助你找到自己的天赋。

8.3 该做——现实的结果

知道想做的，会让你明确自己的动力所在；知道能做的，会让你明确自己的竞争优势；知道该做的，才会让你采取行动。该做的事情包括两个方面：一方面是那些让你有足够收入的事情，从而让你能够养活自己，并且有机会做想做的事情；另一方面是通过做那些磨炼自己心性、意志和能力的事情，使你不断提升能力，胜任更多能做的事情，进而获得更多的收益。

接下来，我们就来谈谈你到底该做什么。

8.3.1 实现梦想的保障

在大多数职业规划的指导中，咨询顾问给出的建议都是做你现在该做的事情。为什么呢？因为这是根据你现有能力、职业倾向和未来发展给出的最现实且合理的建议。说它现实，是因为它能够根据你现在的情况，让你能凭借现有的能力获得最大的回报；说它合理，是因为它能够在你获得最大回报的同时，帮你找到未来发展的最佳路径。所以，你该做的是兼顾现在和未来的事情，即兼顾了你当前的生活和未来的选择。

如果没有该做的事情支撑你正常的生活和工作，你无法通过现有的能力贡献更多的价值，从而获得收益。很有可能，梦想还未实现，你已经被生活压垮了。该做的事情最大的价值，就是让你有足够和稳定的收入来源，以便在你还没能力实现梦想的情况下，有机会不断提升自己的能力。所以，该做的事情是你梦想实现的保障。无论什么时候，你都要做那些该做的事情。

8.3.2　找到获利的方式

如何判断这是不是你该做的事情，主要有两个标准：一是当前的获利情况；二是未来的发展。

该做的事情是那些你能够用现有的能力为别人创造价值的事情。并且，你要让他们意识到你做的这个事情对他们真的有价值。如果他们不认为有价值，你就无法从中获利。所以，该做的事情就是做了之后能获利的事情。

虽说历练一段时间后可以选择换一个"赛道"，但是很难成功。一旦在某个赛道待一段时间后，就很少有人能够成功切换赛道。因为赛道与赛道之间有很深的壁垒，并不是想换就能换的。能够切换赛道的人，不是没有，只是成功的太少了。大多数人，都只能在一条赛道中跑到底。所以，在选择该做的事情上，你要考虑到未来的发展空间。

如何选择该做的事情，其实很简单，你只需做出两个判断就可以了。

（1）你能不能通过做这件事情获利。

（2）你能不能通过做这件事情为自己的未来铺路。

如果，两者中一定要删除一个，我的建议是删除后者。你不知道未来会有什么样的变化。所以，先抓住当下，最起码你不会让自己因为没有收入而焦虑。这样，你才有时间和机会思考未来的发展。

8.4　让梦想照进现实的方法

现在，你已经知道哪些是想做的、能做的、该做的事情了。那么，该如何把它们整合起来，找到自己人生的方向呢？接下来，我会帮你从三个维度定位自己，并找到方向继续走下去。

8.4.1　用当下之能，获当前之利

你已经明白了三个"做"，那么你要做的第一件事情是什么？绝对不是找

三个"做"中的其中一个，而是它们之间的某种组合。应该是哪种组合呢？就是"能做"和"该做"的组合。也就是说，你先得做那些可以通过自己能力获利的事情，就是在"能做"中找"该做"的事情。

为什么呢？很简单，没有能力就没有价值，没有价值谁会给你钱呢？这是很现实的情况：量才而用，量力而行。如果你是刚步入社会的新人，那么你只能用自己仅有的能力，换取一个能满足你生存需求的工作。这个工作或许只能解决你的温饱，但是最起码能够让你积累能力、眼界和经验，让你安心思考未来的发展。

找到该做的事情后，也就是说，找到一个工作后，很多人并不会认真对待。他们总是在想：这个不是我想要的，我早晚会离开。这个想法是非常错误的。你不要认为这不是自己想做的，就去敷衍它，因为时间是自己的，提升的能力也是自己的。你今天遇到的一切，在未来也一定会遇到。你现在学习的一切，在未来一定会帮到你。所以，你要认真地对待这个工作，从中学习。

我的建议是，你要把这个工作当成自己的生意来做。如果你是老板，你会怎么想？你想要什么？你需要解决什么问题？你想要什么样的结果？这时候，你不但是在工作，也是在为自己积累经验。当你用这样的心态做事情的时候，就会有不一样的感受，也会有不同的收获。你不会向大多数人那样浑浑噩噩浪费几年的时间，而是在这几年的时间里，不断提升自己，直到这个工作的收入匹配不了你的能力。这时，你不是升职加薪，就是跳槽或创业。总之，那是你可以选择去留的时候，决定权在你自己手里。

无论现在的工作如何，你都应该考虑在这个工作中你要获得什么。一旦你选择了一个"该做"的工作，钱就只是工作的附属品。所以，不要想着干一天混一天，而要想着在"该做"的事情中积累"能做"的经验。只要"该做"的事情做好了，你自然就具备了更多"能做"的能力，也就具备了"想做"的前提。

凭借着自身现有的能力找到"该做"的事情，让自己先立于不败之地。这就是你生命之火的第一把火。

8.4.2　以既得之利，寻人生之美

在工作过程中，你会不断精进。这个时期，你将会越来越熟悉你的岗位职责，了解你的行业需求，进而提升你的思维和能力。之后，你会发现在现在的公司里，总会有你喜欢的领域。你可以和这个领域的相关人员沟通，交流经验，多学多问多做。这就是在你"该做"的事情中为"想做"做准备。

那么，该如何找到"想做"的事情呢？

一种方法是多方尝试。如果你是做产品研发的，可以考虑和市场、销售或运营部门的同事多沟通。从他们的角度了解市场的需求及客户的想法，从中找到吸引你的话题和方向。你要思考当你面临类似的问题时，你该如何解决，你会有哪些解决方案，你可以为这些部门提供什么样的建议。这时候，你就是尝试在不同的工作中切换思路和想法，看看这些不同会带给你什么样的感受。你在面对和解决这些问题的过程中，哪些环节最让你感到激情澎湃，把这些环节联系起来，看看它们有什么共性。

另一种方法也很实用，就是你可以去听听不同的人对他们自己的岗位职责或工作内容的描述。当你听到某个岗位职责或工作内容的描述时，你会被描述的内容吸引吗？你会跃跃欲试吗？你会想参与其中吗？你会激动到想要和老板提及转岗吗？如果你有这样的想法，就意味着这些事对你有吸引力。这些事就是你"想做"的事情。

通过以上两种方法，你会非常明确哪些事情是让你充满激情的，给你带来成就感的，你愿意一辈子去做的事情。

这时，你就找到了你"想做"的事情。

8.4.3　积未来之能，成人生之美

你已经有了"能做"的前提，并以此找到了"该做"的事情；接下来，你在"该做"的事情中，通过多方尝试找到了"想做"的事情；最后，要想去做"想做"的事情，你还需要具备一定的能力。所以说，能力是你职业发展乃至人生发展的关键。如果你的能力没有提升，说什么都没意义。

当你找到"想做"的事情时，虽然你目前的优势并不明显，但是你已经

有了一定的能力和经验，再去进一步提升，相对来说更容易。可能，你想提升的方面有很多，尤其是当你已经成为某个领域中十分优秀的一员时。但是，人的精力是有限的。为了更快提升你的能力，你需要专注于一个核心能力并快速成长。

那么，怎么找到那个核心能力呢？我可以给你一个思路：世界上只有一种能力是你的核心能力，就是学习能力。当你的学习能力足够强时，你可以通过快速学习，掌握很多平时没有掌握的方法，解决你当前面临的问题。所以，当你具备了超强的学习能力时，就具备了在不同领域中获得新的知识和技能的能力。

我以前认为，只有做咨询或培训的专业人士才需要不断学习新的知识。后来，我发现我那些做得好的客户，无论是一线员工还是管理人员，都是一些不断思考、不断学习的人。如今，我认识到：只有不断学习，才能提升自己的能力，拓展自己的发展空间。无论是咨询顾问，还是销售人员，都要有持续学习的思维和不断学习的能力。

这里有一点补充说明：学习能力，不仅包括学习新事物的能力、理解能力、应用能力，还包括适应时代变化的能力。如果不能适应社会的发展，自然就没有学习的意识和意愿。不过，也不要因为时代变化太快而焦虑，只要保持自己的学习欲望就好。

我们回顾一下这三个步骤，其实很简单。第一，从"能做"的事情中找到"该做"的事情，就是让自己找到一个工作先做着。第二，就是在"该做"的事情中找到"想做"的事，就是找到让自己激情澎湃的那件事情。第三，就是在真正"想做"的事情中找到自己所需要的能力，通过提升自己的学习能力，快速掌握"能做"的能力，实现从"能做"到"想做"再到"能做"的成长闭环。

第 9 章

"四子"罗盘指引你的人生方向

看到这里，相信你基本上已经明确未来的方向了。不过，为了能够让你落地近期的目标并在未来的发展中不至于失焦，我给你提供另一套工具，能够让你在激烈的竞争环境和漫长的职业生涯中保持自己的初衷，并且能够真正知道当下在哪里，未来的方向在哪里，坚定地一步步走下去。

这里，我会提供一个罗盘给你，我称之为"四子"罗盘，如图 9-1 所示。"四子"，即梯子、尺子、轮子、镜子。这"四子"是非常好的设定个人目标和制订行动计划的工具。它能够让你在发展的迷茫期和瓶颈期找到自己的方向，并切实指引你走向那里。

图 9-1 "四子"罗盘

9.1 用梯子找到人生的阶梯

我们对梯子都不陌生，知道它是用来攀向顶端的。接下来，我会告诉你如何用梯子设定目标。

但是梯子和你有什么关系呢？打个比方，如果梯子的顶端是你的人生目标，那么梯子的每一层都是你的一个小目标。离你最近的那一阶是最容易的，只要伸把手，迈一步就可以完成。这样一步一步向上攀爬，最终一定能够到达梯子的最高处，实现你的人生目标。

梯子给我的启示来源于马斯洛需求层次理论。理论上，这种需求是层层向上的，由于我们在前面已经讲过马斯洛需求层次理论了，这里我就不再赘述。

你现在要做的是：看看自己的需求在哪个层次。之后，再考虑一下你未来的需求在哪个层次。我们到底想要什么样的人生，这是每个人都会考虑的。但无论是谁，都不仅仅拥有一个需求层次。虽然你可能刚刚解决温饱问题，但你也希望自己能够被别人尊重，甚至想要实现自己的人生理想。这都是可以同时存在的。但是，从现实层面来讲，只有达到一个层次并且稳定之后，你才具备了挑战下一个层次的机会和能力。如果你没有达到某一个层次，就很难掌握这个层次所拥有的资源和能力。

假设你目前处于生理需求层次。在刚刚解决温饱问题的情况下，你周围的人基本上也和你一样，你所做的工作也只是勉强解决温饱问题的工作，你的能力也只能支撑你勉强满足自己的温饱。对吗？如果现在要你实现人生理想，你会有什么样的人生理想呢？或许，你更可能希望工作可以不用这么累，或者收入再高一点，或者多存一点钱。无论是什么理想，你都是在现有的认知中找到你能想到的美好的生活状态。

这就是马斯洛需求层次理论带给我的另一个启示：你可以有无数个需求，但是在你所在的层次中，你只具备向上一个层次挑战的能力。不是没有跨级挑战的可能，只是成功的概率极小。

所以，你要清楚你目前处于什么样的需求层次。

如果处于生理需求层次，即生存，那么拼命赚钱或拼命工作就是你的目标；如果处于归属和爱的需求层次，那么有钱有空闲可以让你有更多时间陪伴在家人身边可能是你的目标；如果处于尊重的需求层次，那么你可能不光要拼命赚钱，更要努力实现在某个行业或领域成为带头人或者领袖人物。

为什么说你的需求层次不提升，就无法向上一个层次进军呢？这是因为只有你的目标层次有了变化，你的意识和能力才能跟着做出调整。比如，在原有的层次中，你可能只需要体力就可以了，但是升级到上一个层次后，你需要的可能就是脑力了。

或许，你可以这样看。要想实现马斯洛需求层次理论的某一个层次，你需要的是脑力和体力两方面的能力，两种能力的不同配比，能够帮助你满足不同层次的需求。顶端的自我实现需求层次，需要的可能是 100% 的脑力劳动。也就是说，纯粹的体力劳动是无论如何也达不到这个层次的。同时，底层的生理需求层次，需要的可能是 100% 的体力劳动。因为在这个层次下，只要你努力干活，总能混口饭吃。或者，你可以这样理解，越是高层次的需求，脑力劳动所占的比例越高。所以，当你想要实现某一个需求层次时，你要看自己是不是缺少了哪方面的能力。

举个简单的例子：如果你已经满足了生理需求，还想要有一定的安全需求。但是只要你在工作，你的安全需求就是有保障的，除非你出现重大事故。这就让你很难向上一个需求层次前进。但是你想到如果有重大事故需要后半生的生理需求得到保障时，你可能会去买保险。这就是在动脑思考，满足你的一部分安全需求。同时，你还会去学习一些其他的技能，以便有需要的时候用得上。这同样是在动脑思考。发现了吗？很多时候，不是你想要就能得到，而是伴随着你的思考，你要采取相应的行动。想明白了，自然就会行动；没想明白，自然就没有行动。

好了，从现在开始你要学会问自己：我的人生目标是什么？我家庭的目标是什么？我的工作目标是什么？我事业发展的目标是什么？它们都处于哪个层次？我需要做什么？怎么做？

以上，就是"梯子"的重要性：不仅从需求层面，还从能力层面定义了目标与价值。接着，就要看看你为了达成这个目标要做什么事情了。

9.2 用尺子丈量现实与目标的差距

尺子，是用来找差距的。

当你知道了自己的目标，就要了解现实与目标之间的差距。比较简单的方法是：把你的目标定为 10 分，并且明确说明达到 10 分的结果是什么。之后，详细描述自己的现状，评估自己现在的分值。比如，你现在的分值是 7分，那么你就找到了现实与目标之间的差距，就是这 3 分之差。

接下来要做什么呢？大多数人都会选择继续向前走，而忘记向后看。也就是说，很多人只想知道自己为什么差了这 3 分，而不分析自己为什么会得到这7 分。

人在追逐目标的过程中，很容易迷失自己。因为人会疲惫，只有时不时地停下来，通过回望、思考、前瞻，才能帮助自己看清方向，认识到自己的优势和劣势，思考自己是不是走了弯路，是不是已经具备了自己没有意识到的优势，只要努力一下就可以实现自己的目标。

当你时不时地回看自己走过的路时，你会越来越自信。因为你已经有了如此高的成就。与过去的你相比，今天的你应该是有了很大的进步。比如，你刚毕业的时候，收入是多少？现在呢？这就是你的进步。然而，如果你经常回看过去，停留在过去，就会陷入自己的舒适区，最后也很难达成最终的目标。所以回看的时候，只要看到成就就好了。

如果你总是盯着自己的差距，会越来越没有自信。因为目标永远都是超越现实的，既然是超越现实的，就一定是你还没做到的。当你看到自己的不足时，你就会有缺失感，就会认为自己做得还不够好。当然，适度的焦虑有时会成为你的动力。但是一旦焦虑带来的压力过大，你就很容易放弃。

所以，你就要保持客观，紧盯着目标，也要时不时回头看看，给自己鼓励和信心。不要一直盯着前面看，也不要一直盯着后面看，而是在前进的过程中，适当地回头看看自己，增强信心后，再在原地思考，之后继续负重前行，这样你就会轻松很多。

具体该怎么做呢？我举个例子说明一下。

比如你刚进入销售领域，目标是年薪 50 万元，这就是你的 10 分标准。那么，你现在收入是多少呢？20 万元吗？很好。目标是 50 万元，你现在的收入是 20 万元，那么现在你的分数是多少呢？4 分（20/50=40%，即 4 分）。好了，现在你已经知道自己的位置了：距离刚入行，你已经走了 4 步，还差 6 步就能达到你的目标，这 6 步就是你的差距。

接下来，你可以先看看自己是如何拿到这 4 分的。你积累了哪些能力、经验和资源，可以让这 4 分的基础打得再牢固一些。有了这些信心，你再向前看，要想达到 10 分，有哪些能力、经验和资源是你必须具备和拥有的。之后，找到一项你认为最容易做到的，先去做。不管效果怎么样，只要你去做，一定会有效果。而且，因为你选择了最容易做的事情，开展起来也比较容易。那么，你就有了信心再去提升下一个能力。如此以往，虽然结果看起来并不明显，但是厚积薄发，你的能力一定会在适当的时候实现质的飞跃。

或许你会觉得这样的成长速度不快，你之所以觉得成长速度不快，是和你现在对时间的感知来做比较的。你觉得时间过得太快，而能力提升得很慢。其实，并不是这样的。

如果你的能力每天都在提升，虽然幅度小，但是逐渐积累，以后你的成长就会很快。所以，适时回头看看，你就会发现自己进步的速度已经很快了，这样你就更有信心向上攀登了。

9.3 用轮子分析你成功的因素

轮子，是用来分析原因、确定提升的方向的。

前面，你知道自己在实现目标的路上已经走了 4 步，还差 6 步，那么你要怎么做呢？你要确定目标，不时回头看看。

不要先问自己为什么还没有达到 10 分，那样只会让你陷入焦虑和不安中。你应该先问问自己为什么取得 4 分了。哪些能力让你取得了现在的成就。这些能力就是你的优势。然后，再看看自己的差距。知道有差距，也不是一件坏事。通过以下五步，你就能够确认影响你成功的因素是什么。

（1）拿出一张 A4 纸，写下你为什么能够拥有这 4 分。是因为你的能力、资源、知识，还是别的什么原因？当然，你可以写得具体一点。比如，我的服务很好；我跟进客户很及时；我能够很好地解决客户的问题；等等。这样，你就知道自己在哪些方面有优势了。

（2）继续写出你为什么没能达到 10 分（差 6 分）的原因。比如，我在介绍产品的时候没有自信；客户提出问题的时候，我无法很好地应对；等等。

（3）将这两部分内容整合起来，整合的过程中你会发现自己既有优势也有劣势的方面。也就是说，即便是你存在劣势的地方，也可能存在优势。反之，你有优势的地方，也可能有劣势。接下来，你要将所有的优势和劣势组合在一起形成关键的要素。这些能够促进你成交的要素，一般不会超过 7±2 个，也就是 5~9 个。

（4）你要将每个模块的能力项与评价方式写清楚。比如，你能一句话说清楚产品的价值；你能一句话引导客户体验产品；一句话解决客户的异议；等等。

（5）现在画一个圆，我将这个圆称为"平衡轮"。你将这个圆均分成 8 个模块，如图 9-2 所示。首先，将你的优势和劣势放入 8 个模块中。其次，你再利用"尺子"来衡量。这个圆的外侧是 10 分，圆心的位置是 0 分。最后，

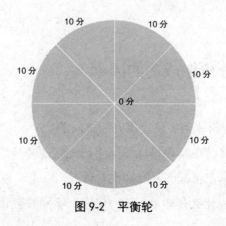

图 9-2　平衡轮

你要对这 8 个模块的内容进行自评,按照 10 分的标准评估每个模块。在对应的区域内将你的能力覆盖的范围标注出来。这样,你就能清晰看到自己的优势和劣势了。

好了,接下来的工作其实很简单。你可以在这 8 个模块中,找到你优势最明显的那个模块,同时,找到你认为提升效果最明显的那个模块。这样你就能很清楚地了解什么因素可以使你成功。

现在,你要做的就是,利用镜子制订你的行动计划。

9.4 用镜子制订你的行动计划

镜子是用来做什么的?是用来打量自己的。

所以接下来,你需要利用镜子看到自己的变化。这个变化,落实到纸面上就是行动计划。我们都知道,制订计划很容易,关键在于如何落地执行。

首先,你要明确自己的目标。

其次,你要将你的目标转化为具体的任务,即实施步骤。

要知道,有时虽然明确了目标,但是很多目标并没有可衡量的标准。你一定要把目标具体化,让它有具体的衡量标准,最好能用指标来衡量。

最后,你要找到并解决影响指标完成的问题。这些问题,可能和你的目标没有直接关系。但是,正是因为这些问题的存在,你才没有完成指标。我认为在行动计划执行的过程中,这三个问题是一定要解决的。

第一个问题:对计划本身认识不清。

你做一件事情,对事情本身的熟悉程度,将决定这个事情是否能够完成。可以这么说,所有的提升计划,都是在完成一个你不熟悉的任务。如果你还是根据过往的经验制订行动计划,很有可能无法在预定时间里完成任务。所以,你不能按照过去的经验设定行动计划的目标。

最好的方法是能够放宽一些时间,适当降低期望值。同时,你应该及时调整自己的目标。

第二个问题:没有项目管理的经验。

任何一个行动计划的落地执行，都是一个管理项目的过程。如果没有项目管理的思维，所有的计划都将无法完成。如上所述，你的提升计划是一个新的任务，所以你必须将任务细化到可控范围。比如，你将计划分解到每个月、每周、每天；将你的内容具体到最小的细节，将时间细化到最小的单位；如果每天都能完成小的计划，你就一定能够完成任务。

举个生活中的例子，这样你更容易理解。

假设你以前从没跑过步，现在你想要通过跑步锻炼身体。你的目标是每天跑步 5 千米。那么，你一开始的计划绝对不能是出门就跑 5 千米。正常的情况下，你的目标应该是：30 天后能够跑 5 千米并坚持下去。如果你以前没有跑步的经历，设定每天跑步 5 千米这样的目标就完全没有意义。因为，你没有将目标细化，所以很难实现。

我说了，做提升计划应该是一个重新开始的过程，不可能一口吃个胖子。所以，你前面的动作幅度要小，要循序渐进，并且要不断评估。当你能够适应这样的过程时，就可以逐渐延长时间。逐步过渡，看起来是个慢活，但是打好基础后就可以让你快速成长。

第三个问题：急于回报的赌徒心态。

很多人总是希望今天遇到的问题一定要今天解决。他们习惯用以前用过的或者没有用过的方法，提升当前的销售业绩。使用以前用过的方法解决现在的问题：重复相同的事情却期望得出不同的结果。因为这些方法已经被证明无效了。如果方法有用，他们根本不会出现现在的问题。使用以前没有用过的方法应对现在的问题：做了有可能达成目标，没做就一定不能达成目标。他们没有尝试过，就无法知道它的结果。对于不知道确切结果的方法，用了就相当于赌博。赌博的结果可能是输，也可能是赢。我倒希望他们输那么一次、两次。这样，他们才会真的意识到问题所在，才会努力改变现状，才会在未来有好的结果。在我看来，赌赢了，对他们而言并不是什么好事。他们会认为这件事可以这么操作，继而继续赌下去。最终的结果就是：你最担心的事情，总会在你意想不到或你最不希望发生的时候发生。

再强调一点，你的目标非常关键。

你可以在同一个层次上把目标定得高一些，再高一些。很多人只能想象到超出目前收入一倍、两倍的情况是什么样的。计算下来，发现就算是翻了一倍、两倍的工资，自己的生活状况也未必有多大改变。所以，他们也没有特别大的动力去改变自己。

我认为，高瞻远瞩与脚踏实地，并不矛盾。它们会在某个前提条件下形成相对的统一，而非绝对的对立。当你的目标能够被你的能力支持时，你的高瞻远瞩和脚踏实地就可以形成统一。如果你目前的生活不是你想要的，那就看看你的目标和现实的差距。这个差距，就是你能力提升的幅度。当你的能力提升到足够弥补这个差距时，自然又会形成矛盾的统一。

镜子，是将你的目标和现实原原本本地反馈给你，并见证你成长的工具。你通过这个工具，可以精准地制订提升计划，不断提升自己的能力，并将能力与目标匹配，实现统一，最终达成目标。

第 10 章

定期复盘，助力成长

通过"三做"成长闭环定位长期目标；通过"四子"罗盘明确人生方向和短期的行动计划。接下来，你要做的是：按照你设定的目标不断成长，最终达成你的目标。

如何才能不断成长呢？就是不断回头看看自己的进步；再抬头向前看看自己的差距；之后加速向前跑。

但是，现实生活中很多人却很难做到。因为他们无法衡量自己是否达到预期的目标了，或者说，很少有人能够衡量自己到底是否成长了。如果人们无法衡量自己的成长，就没有信心继续前行。这是一个很现实的问题。如今，网上经常会有所谓的专家提出建议，说学习是个积累的过程，你只要学习就可以了。但是，这本身就是一种不负责任的说法。学习一定要有反馈机制。

我一直在思考这个问题：如何衡量自己每天的进步？为什么思考这样的问题呢？因为如果没有方法来衡量进步与否，那就意味着你仍处在一片黑暗中，无法找到方向，无法给自己鼓励。因为没有及时反馈，所以你不知道该如何衡量自己的进步。

这里，我教给你一个方法：定期复盘。只有定期复盘，你才能看到你进步了多少。通过定期复盘，你可以设定一个个里程碑，在进步的过程中，时刻给自己反馈，提升自己的信心。并且，在此过程中我会提供给你一个非常好的评估方法，确保你可以衡量自己是否每天都在进步。

10.1 通过复盘，让自己不断成长

"复盘"一词源于棋类比赛。复盘就是每次博弈结束后，双方棋手把刚才的对局再重复一遍，这样可以加深双方对弈的印象，也可以找出双方的漏洞，是提高博弈水平的好方法。在复盘过程中，双方会将自己的心理活动比较全面、客观地表现出来，即当时是怎么想的，为什么下这一步棋，以及如何设计接下来的几步棋的走法。

复盘可以让棋手发现自己思维逻辑和决策过程中的漏洞，从而不断提升自己的分析和判断能力。这样在下一次比赛中，就能用更好的方法应对对手的每一步棋。

作为销售人员，通过复盘，你可以不断回想自己面临的某个场景，以及你是如何应对的，并且在脑海中不断尝试新的做法。这就是在不断提升你的能力。当这个场景再次出现时，你就知道该如何应对了。销售工作中的复盘，就是将销售过程重演。关键在于重演每次电话、拜访、接待的过程，以及在每个节点上的思考。

复盘最大的好处是，你会发现自己的不足。知道了不足，就会想办法改变，最重要的是改变自己的内心。只有内心改变了，行为才能改变。所以，多做复盘，并将复盘作为工作中最重要的事情，甚至比销售本身更重要。或者，你可以定下这样的规矩：复盘是你每天最重要的工作。

同样，人生的复盘也是如此：

- 你昨天思考的过程和今天是否一样？
- 如果你希望结果不同，那你有什么不同的做法？
- 下次你会尝试不同的做法吗？为什么？
- 还有哪些可能的做法是你应该考虑的？
- 这些可能的做法带来的结果，哪些是你想要的，哪些不是？

· 你该如何保证这些做法可以得到你想要的结果？

…………

这些都是复盘的内容，每天思考这样的事情，就会不断进步。如果你想知道更简单的方法，只需记住一句话：我的价值观是什么，这个价值观让我怎样去思考、分析与决策。

通过这一句话，你就能清楚地了解自己思考、分析与决策的依据是什么。因为这是你的价值观帮你做出的选择，也可以说是你的价值观指导你的潜意识帮你做出的选择。

10.2　学会持续深入地思考

你知道复盘的精髓是什么吗？是思考。深入地思考，正确地思考，是非常重要的。对于你来讲，虽然每天都有提升的空间，但是你不知道该如何提升自己。因为你没有正确思考。尝试回答下面的问题：

· 你有没有等待别人给出答案？

· 你有没有等待团队成员的帮助？

· 你有没有等待工作自动完成或者等待别人完成你应该做的工作？

· 你有没有去找过领导，让他帮忙解决问题？

· 你是不是喜欢一拿到工作就开始行动？

· 你是不是认为只要努力工作 / 学习，就能有好成绩？

· 你是不是还在怀疑自己努力得还不够？

· 你是不是总说自己不愿意那么费事？

· 你是不是在想为什么工作总是不顺心？

如果你有 3 个以上这类问题，证明你很可能是个不愿意思考的人。

为什么你不愿意思考？因为你觉得停下来思考会耽误完成工作的时间。那你是否听说过一句话叫"磨刀不误砍柴工"？如果你听过，为什么不停下来想一想，先把自己的"刀"磨快，再去解决实际问题呢？

你是不是认为即使思考也想不出什么结果，只会在那里发呆？那你是否想过自己想要的结果是什么，想要的生活是什么，想要的工作是什么，想要的安全感是什么？或者说，你最重视的是什么？如果你不知道自己的驱动力是什么，就不能明确自己的方向。

总结下来，不愿意思考的原因其实很简单：你认为思考不出结果，所以不思考；你认为思考没有用，所以不思考；你认为自己不会思考，所以不思考；你认为……所有的原因都是你认为的。你为什么会这么认为呢？你内心的标准是什么呢？你为什么会认为不应该或不需要思考呢？这仍然是值得你思考的问题。

其实思考很简单，只要没事的时候想一下，做事情的时候想一下。慢慢地，你就会形成思考的习惯。

每个人的思考方式是不一样的。你可以找到自己的思考方式和关注内容。最后，再问问自己为什么不愿意思考，是因为思考的过程没有兴奋点，还是思考的过程你自感乏味。不论是什么原因，找到它，这将是个非常有趣的话题。

10.3　见证自己的进步

复盘的核心是什么？是评估过去，规划未来。

很多人都在说："想要成功，每天进步一点点。"也有很多人不断重复、强化这句话的重要性。

但是，我一直认为这是一种非常不负责任的说法。因为这句话没有任何可执行的指导意义。任何一个定义都应该有清晰的指导意义。否则，就是一句有道理的废话。如果现在我问你，你如何知道自己每天都在进步？我想你很难给出一个准确的答案。

可能你会说：要努力工作，提升自己的专业技能，成为最优秀的员工；要努力学习，才能考上好的大学。那么，你能告诉我怎样算是努力工作、努力学习？如果让你给"努力"下个定义，恐怕也很难定义吧。

不过，我前面给了你复盘的方法。通过这样的方法，你可以明确该如何努力工作和努力学习：把复盘做到位，并且把复盘后发现的问题加以改进。通过复盘，你可以看到自己的不足；并且通过改进弱项，你可以发现自己是在进步的。不过，这样仍然只能看到自己的不足，不能评价自己的进步程度。那么，该如何衡量自己是否进步了呢？

我认为，衡量自己是否进步的方法很简单：就是发现自己曾经有多傻。

这句话给了我一个非常重要的启示。当我将现在的自己和以前的自己对比时，现在的自己发现以前的自己曾经做的事情很傻，就意味着我有了新的评价标准，也就是有了新的价值观。而价值观改变，是因为我学到了新的知识、方法，掌握了新的技能、工具，有了新的思维方式、思想过程和决策依据。也只有如此，现在的我才能看到过去的我有多傻。

如果你发现自己在某方面曾经很傻，那么你是有了什么新的想法吗？你产生新想法的过程，就是你成长的过程。我一直有记录想法的习惯，经常会在睡觉前将自己的一些想法记录下来。

有时记录得非常激动，感觉自己像发现了新大陆一样。但第二天再看这些记录，就会发现这些想法有些不切实际，有些难以落地。发现了吗？我的进步哪里是一点点啊，那简直是飞跃啊。只用了一个晚上，我就更新了思维，并且对于自己记录的内容有了新的想法。这都是我把问题记录下来后，我的潜意识在帮我调整思维方式、思考过程和决策依据，并在我清晨起床的时候，提供新的思路和想法。我确实见证了自己的进步，而且是非常快速的进步。

发现了自己很傻之后，我还会再更新和补充自己的想法。这个过程就是一个更加高效的复盘的过程。

记住，发现自己曾经的傻，是你可以应用的最有效的评估自己每天进步的一个方法。

10.4　记录成长，随时复盘

前面说到，如果想复盘，想要知道自己是否每天都在进步，就要记录你要做的事情及你的言行。不要相信记忆，它会"欺骗"你。

所以，我建议你准备一个本子。这样，就可以把你过往的经历记录下来。你可以回顾自己的成长，看看自己哪些事情做得还不错，哪些事情做得还不够好。所以，这些记录就是你复盘的基础。

当然，这个本子不见得一定是纸质的，现在有很多朋友喜欢一些 App，你也可以用这些工具。比如，我就在同时使用印象笔记和纸质笔记本。这样，我随时都可以记录我的内容，以便我随时复盘。

后 记

就这样吧，终于对大家有个交代了。虽然在我看来，这本书中还有很多不完善的地方。到了这里，我将轻松成交最基础的方法和技巧已经分享给你了。只是，不是每个方法都能够快速掌握的。

在这里，我要感谢我的家人，尤其是我太太的无私的支持；也要感谢我所有的朋友，是你们的帮助让我不断精进自己的思想；更要感谢我的学员，是你们的期待让我最终完成了本书的写作；最后要感谢无数个你，因为你的支持，让我能够在助人成长的这条路上越走越远。

给本书复盘

接下来，我们要给这本书复盘了。如果你真的是从头到尾仔细阅读过这本书，你会发现整本书通篇都在写一件事：如何发现并满足客户的需求。

第一篇，呈现的是人性的表现及本质，教会你如何发现并用好客户消费的驱动力。这是你从人的需求本质上把握客户需求的方法。

第二篇，呈现的是轻松成交的挑战及应对方法和技巧，教会你如何通过语言交流发现客户真正的需求。这是你挖掘客户需求的核心方法。

第三篇，呈现的是客户关系的层级及突破层级的方法。这是你从长远来看实现轻松成交的战略规划与策略落地。

第四篇，呈现的是如何规划自己的事业及人生的方向。这是你在未来成为你想成为的人的方法和工具。

写这本书，是在我从事培训行业之初就想做的。我希望自己能够帮助销售人员真正明白自己为什么从事销售这份职业，进而明确自己是否能够坚持这份事业。最终，找到自己真正想要的人生，并持续走下去。

现在，你可以暂时停下来休息一下。之后，你需要继续思考该如何满足客户的需求。最好能够找到客户的刚需。这样，你提供的价值，才是最关键的，你的价值才会呈几何式增长。那时，你的收入也才能实现几何式增长。

如果你觉得这本书不错，就分享给你的朋友吧。如果你觉得这本书不好，就分享给你的竞争对手吧。不论怎样，我希望你能把这本书分享出去。

后面的路

本书的内容，说多不多，说少不少。

说实话，想要写的内容还有很多。但是由于篇幅限制，就将笔先停在这里吧。当然，我以后会写更多的书，会做更多的课程，将"成交"这个话题不断完善，以期形成全面、系统的解决方案，帮助企业提升效益的同时，能够帮助更多的人成为他们想成为的人。毕竟，我更加关注人的成长。

记住，有什么成交问题，可以添加"杨骁"公众号，给我留言。我的承诺是知无不言，言无不尽。不过，我的回答会依据你留言的内容而定。我相信，你看过这本书之后，就一定会知道我需要什么样的留言，才能给你最佳的答案。祝你轻松成交！